Humanistische Porträts

Die Reihe „Humanistische Porträts“ erinnert Menschen,
— die durch ihr Leben, ihr Reden, Schreiben, Handeln „Menschlichkeit“, „Bildung und Barmherzigkeit“ bewiesen, den Menschen „in die Mitte“ gestellt haben;
— die sich aus keinem anderen Grund für ihre Mitmenschen, für Menschenrechte und Menschenwürde eingesetzt haben, als weil sie Menschen sind: „der Mensch als Mensch“ (Cicero);
— die Ehrfurcht hatten vor der Natur und jeglichem Leben;
— die „Bildung“ nicht als Privileg, als Etikett für Eliten, als Mittel zum Ausschluss benutzten und humanitäre Praxis („Barmherzigkeit“) nicht als Mittel zur bloßen Linderung oder Verdeckung von Missständen, Ausbeutung, Repression;

— die dadurch gezeigt haben, dass ohne Humanität Humanismus nicht zu machen ist.

Diese Menschen gab und gibt es unter verschiedenen Namen, in allen Epochen und Regionen, in allen Klassen, Schichten, Geschlechtern und Berufen.

Ausdrücklich „Humanisten“ (italienisch: *umanista*) heißen sie seit der italienischen Renaissance (15. Jahrhundert); die Namen „Humanismus“, „Humanitarismus“ oder „humanistische Bewegung“ sind Prägungen der westeuropäischen Moderne (19. bis 20. Jahrhundert); das Grundwort *humanitas* (Menschheit, Menschlichkeit) ist römische Prägung des ersten Jahrhunderts v. u. Z.

Die „humanistische Perspektive“ bestimmt die Auswahl der Porträts, den „Sehepunkt“ und den Fokus der Darstellung.

Ein Porträt ist keine Biographie, keine umfassende, gleichmäßig ausführliche Erzählung aller Stationen des Lebens eines Einzelnen.

Ein humanistisches Porträt ist keine Heiligengeschichte, schafft keine Galerie von Vorbildern, keine Heldenschau, sondern ist anschauliche Charakteristik und kritisch. Es zeigt auch Irrwege und Missbrauch, Scheitern und Fehlentwicklung. Die Person, der „ganze Mensch“, seine Lebenspraxis und sein Werk, die vielfältigen weltanschaulichen Mischformen und die individuellen Synthesen bilden die Mitte eines humanistischen Porträts.

Berlin, 2019 — Die Herausgeber

Humanistische Porträts

Herausgegeben von

Hubert Cancik, Richard Faber, Ralf Schöppner

Band 5

Abb. 1: Wilhelm von Humboldt
Tondo von Gottlieb Martin Klauer, 1796

Jürgen Trabant

Wilhelm von Humboldt

(1767-1835)
Menschen Sprachen Politik

Königshausen & Neumann

Bibliografische Information der Deutschen Nationalbibliothek

Die Deutsche Nationalbibliothek verzeichnet diese Publikation in der Deutschen Nationalbibliografie; detaillierte bibliografische Daten sind im Internet über http://dnb.d-nb.de abrufbar.

Gedruckt auf säurefreiem, alterungsbeständigem Papier
Umschlag: skh-softics / coverart

Printed in Germany
ISBN 978-3-8260-7149-2
www.koenigshausen-neumann.de

Inhalt

1. Porträt-Skizze

1.1. Vorüberlegungen

Das Leben Wilhelm von Humboldts ist oft und in bedeutenden Büchern dargestellt worden. Schon bald nach Humboldts Tod 1835 erscheint das große Werk von Rudolf Haym (1856). Bruno Gebhardt schickt seiner Edition der politischen Schriften in Humboldts *Gesammelten Schriften* (1903/04) sein *Humboldt als Staatsmann* (1896) voraus. Eduard Spranger schreibt im Vorfeld der Hundertjahrfeier der von Humboldt gegründeten Berliner Universität eine Habilitationsschrift über *Humboldt und die Humanitätsidee* (1909). Albert Leitzmann, der Haupt-Herausgeber der *Gesammelten Schriften* (1903-36), legt 1919 *Charakteristik und Lebensbild* Humboldts vor. Siegfried A. Kaehlers (1927) kritische Darstellung *Humboldt und der Staat* erregt Aufsehen und den Unmut seines Lehrer Meinecke. Humboldts Werk wird von Clemens Menze (1965) und Bruno Liebrucks (1965) seitens der Pädagogik und der Philosophie gewürdigt. Das umfangreichste Werk über Humboldt sind die beiden Bände von Paul Sweet (1978/80). Und kürzlich hat Lothar Gall (2011) Humboldt eine umfassende neue Biographie gewidmet. Daneben gibt es auch noch einige wichtige „kleinere" Darstellungen wie die von Peter Berglar (1970), Herbert Scurla (1984) oder Tilman Borsche (1980), ganz abgesehen davon, dass die zahlreichen Editionen Humboldtscher Werke und Briefe oft auch Lebensabrisse enthalten, wie etwa die von Rudolf Freese (Hrsg. 1986) oder Donatella Di Cesare (Humboldt 1998). Humboldt hat gerade auch in Italien und Frankreich wichtige Darstellungen erfahren, zum Beispiel von Fulvio Tessitore (1965) und Denis Thouard (2016).

Wenn hier dennoch ein weiteres (kleines) Porträt Wilhelm von Humboldts vorgelegt wird, so verdankt sich dies der Absicht der Herausgeber der Reihe, bestimmte Persönlichkeiten in eine Porträtgalerie hereinzuholen, die humanistisch gedacht und geschrieben haben. Dabei ist nicht so sehr an das gedacht, was in der Geistesgeschichte „Humanismus" oder „Neuhumanismus" genannt wurde, also die erste oder zweite Orientierung an der Antike, wie sie in Europa in der Renaissance und in Deutschland um 1800 realisiert wurde. Zum Neuhumanismus gehört Wilhelm von Humboldt, wie wir sehen werden, und zwar als ganz zentrale Gestalt. Er war – wie die ganze Generation nach Winckelmann – wie Goethe, Schiller, Hölderlin etc. – einer jener Deutschen, die das Land der Griechen mit der Seele suchten. Und kaum jemand hat wie Humboldt tatsächlich seine Heimat im alten Griechenland gefunden. Hier ist aber eher ein nicht direkt an der Antike orientierter „Humanismus“ als Denken des Menschen in seiner Freiheit, seiner Entfaltung, seiner Offenheit auf die Welt und auf andere Menschen gemeint. In dieser Hinsicht hat niemand so enthusiastisch humanistisch gedacht wie Wilhelm von Humboldt: Er hat den Zweck des Menschen – in einer berühmten Formulierung – als „die höchste und proportionirlichste Bildung seiner Kräfte zu einem Ganzen“ (I: 106) gesehen.[1] „Bildung“, Humboldts zentraler Begriff seiner Auffassung vom Menschen, hat die „Freiheit“ des Einzelnen zur Bedingung und kann nur durch „die Verbindung mit andren“ vollendet werden (ebd.). Und wie Menschen sich bilden, „Menschenkenntniss“, war das Ziel seiner wissenschaftlichen Bemühungen. Um diesen – nach Harari (2011) längst an sein verdientes Ende gekommenen – „liberalen“ Humanismus geht es bei Wilhelm von Humboldt. Vielleicht aber gibt es nichts Besseres, zumal wenn dieses Denken des Menschen, des *Anthropos*, aufs engste verbunden ist mit dem brüderlichen Projekt eines Denkens der Natur, des *Kosmos*?

Humboldt hat in einem bedeutenden Aufsatz die schöpferische und konstruktive Aufgabe des Geschichtsschreibers hervorgehoben: „Auf verschiedene Weise, aber ebensowohl, als der Dichter muss er das zerstreut Gesammelte in sich zu einem Ganzen verarbeiten“ (IV: 36). In diesem Sinne will ich versuchen, das zu Humboldts Leben und Werk von mir Gesammelte „selbstthätig und schöpferisch“ zu einem Ganzen zu formen (IV: 35). Vielleicht gelingt es mir dabei sogar, der oft dargestellten Persönlichkeit ein paar neue Ansichten abzugewinnen. Meine geheimen historiographischen Wünsche gehen aber natürlich auf das höchste Ziel der Geschichtsschreibung, nämlich auf die „Darstellung des Strebens einer Idee, Daseyn in der Wirklichkeit zu gewinnen“ (IV: 56). Ich beginne, wie Humboldt schreibt, damit, den „äusseren Umriss“ (IV: 41) zu zeichnen, eine Skizze des Lebenswegs, und versuche dann, Wilhelm von Humboldts Gestalt „von innen heraus“ (ebd.) zu erfassen.

1.2. Wilhelm von Humboldt: äußerer Umriss

Wilhelm von Humboldt wird am 22. Juni 1767 als Sohn des Kammerherrn Alexander Georg von Humboldt und seiner Frau Marie Elisabeth, geb. Colomb, in Potsdam geboren. Er wächst mit seinem 1769 geborenen Bruder Alexander auf Schloss Tegel und in Berlin auf. Der Tod des geliebten Vaters 1779 ist der frühe traumatische Bruch im Leben von Wilhelm und Alexander von Humboldt. Die Mutter lässt den Geschwistern zwar eine exzellente Erziehung durch verschiedene berühmte Lehrer wie z.B. Campe, Kunth, Dohm und Engel angedeihen. Sie kann aber den Verlust des Vaters emotional nicht kompensieren. Wilhelm zieht sich in sich zurück, er panzert sich in eine – oft als Kälte wahrgenommene – Selbstbeherrschung. Der jüngere und lebhaftere Alexander flieht nach draußen, in die Natur – und in die Kränklichkeit. Nach dem Tod des Vaters ist Alexander Wilhelms erste und wichtigste Bezugsperson und umgekehrt. Die Brüder beziehen gemeinsam die Universität in Frankfurt an der Oder und gehen von dort nach Göttingen. Sie folgen dann aber ihren verschiedenen wissenschaftlichen Berufungen. Alexander wird bekanntlich ein großer Forscher der Natur, des *Kosmos*, während Wilhelm sich vorrangig der Erforschung des Menschen, des *Anthropos*, widmet. Beide machen Forschungsreisen, mit verschiedenen Blicken auf die Welt, in jungen Jahren in Deutschland, dann in Europa und Alexander in Amerika und Asien. Wilhelm und Alexander von Humboldt bleiben trotz all dieser Bewegungen zeitlebens aufs engste miteinander verbunden. Die komplementären Bahnen des Lebens und Denkens der Brüder hat Manfred Geier (2009) großartig nachgezeichnet.

Abb. 2: Alexander von Humboldt, Paris 1805, August Desnoyers nach François Gérard

Abb. 3: Caroline von Humboldt

Die zweite für das Leben und Werk von Wilhelm von Humboldt wichtige Bezugsperson ist Caroline von Dacheröden, eine hochgebildete Frau, die er 1791 heiratet, mit der er ein ganzes Leben lang verbunden bleibt. Die Lebens-Gemeinschaft von Wilhelm und Caroline von Humboldt stellt einen einmaligen Versuch der Gestaltung moderner Geschlechter-Beziehung dar, der wegen zahlreicher Trennungen des Paares durch Reisen und Umzüge ausführlich in einem Briefwechsel dokumentiert ist.[2] Hazel Rosenstrauch (2009) hat dieses im wahrsten Sinne des Wortes gemeinsame Lebens-Werk Caroline und Wilhelm von Humboldts neu beleuchtet.

Finanzielle Unabhängigkeit ermöglicht es Wilhelm von Humboldt, den Staatsdienst, in den er zunächst eingetreten war, wieder zu verlassen und 1791 bis 1797 an verschiedenen Wohnorten (Erfurt, Jena, Berlin) und auf Reisen (Dresden, Norddeutschland) seinen individuellen Interessen nachzugehen, sich zu „bilden“, beziehungsweise nach seiner eigentlichen Berufung zu suchen: In enger freundschaftlicher Verbindung mit Schiller, vertraut mit Goethe, widmet Humboldt sich der Philosophie, der politischen Theorie, der klassischen Philologie, der Dichtung, der Ästhetik, bis er schließlich den Kern seiner Suche findet: die Anthropologie, die Wissenschaft vom Menschen, und speziell dann die Sprache als Zentrum des Menschen. Nach einem Paris-Aufenthalt (1797-1801), unterbrochen von zwei Reisen nach Spanien bzw. ins Baskenland, tritt Humboldt wieder in den Dienst des Staats. Er wird „Staatsmann“. Von 1802 bis 1808 ist er Gesandter Preußens in Rom, das seine Heimat wird und das ihn die ersehnte Antike als lebendige Anschauung erleben lässt. Ende 1808 kehrt er in das 1806 von Napoleon besiegte und besetzte Preußen zurück. Er wird dann elf Jahre lang, 1809 bis 1819, verschiedene staatsmännische Funktionen innehaben. Im Rahmen der durch die Niederlage ausgelösten Reformbemühungen ordnet Humboldt in wenigen Monaten 1809/10 das gesamte preußische Erziehungswesen neu. Die Gründung der Berliner Universität 1810 geht auf seinen Antrag zurück. Humboldt vertritt danach Preußen als Gesandter in Wien. In verschiedenen diplomatischen Missionen (Prag, Chatillon, Paris) befördert er aktiv den Krieg gegen Napoleon. Nach dessen Abdankung nimmt er 1814/15 am Wiener Kongress zur Gestaltung der europäischen Staatenkonfigurationen teil. Ab 1815 wird er von seinem Chef Hardenberg zunehmend politisch kaltgestellt (als Gesandter in Frankfurt bzw. in London). Innenpolitisch gerät er mit den erstarkenden reaktionären Kräften in Konflikt, so dass er Ende 1819 entlassen wird und sich aus der Politik nach Schloss Tegel zurückzieht. Dieses lässt er als Ort antiker Kunst in Preußen von Schinkel klassizistisch umbauen. Und dort widmet er sich bis zum Ende seines Lebens ausgedehnten Sprachstudien. Er stellt ab 1820 seine wissenschaftlichen Arbeiten in der Berliner Akademie vor. Bei der Einrichtung des Königlichen Museums (des heutigen Alten Museums) agiert er noch einmal im Dienste des Königs. Caroline, seine ebenbürtige Partnerin, mit der er acht Kinder hat und die ihn in allen Dingen des Lebens begleitet und beraten hat (sie war vor allem eine wirkliche Expertin für bildende Kunst, die eine große Rolle im Leben der Humboldts spielte), stirbt 1829. Für sie lässt Humboldt die schöne Grabstätte in Tegel errichten, in deren Mitte auf einer hohen Säule die Statue der Spes von Thorwaldsen die Hoffnung auf eine jenseitige Vereinigung des Paares repräsentiert. Wilhelm von Humboldt stirbt am 8. April 1835, in Anwesenheit seines Bruders Alexander. Er wird an der Seite seiner Frau begraben. Theodor Fontane hat den Zauber dieses Orts in den „Wanderungen durch die Mark Brandenburg" wunderbar erfasst:

> Wenn ich den Eindruck bezeichnen soll, mit dem ich von dieser Begräbnisstätte schied, so war es der, einer entschiedenen Vornehmheit begegnet zu sein. Ein Lächeln spricht aus allem und das resignierte Bekenntnis: Wir wissen nicht,

> was kommen wird, und müssen's – erwarten. Deutungsreich blickt die Gestalt der Hoffnung auf die Gräber hernieder. Im Herzen dessen, der diesen Friedhof schuf, war eine unbestimmte Hoffnung lebendig, aber kein bestimmter siegesgewisser Glaube. Ein Geist der Liebe und Humanität schwebt über dem Ganzen. (Fontane 1968, III: 279)

1.3. Staatsmann und Gelehrter

Am 9. Juli 1835 hält der Philologe August Boeckh (1785-1867) in der Akademie der Wissenschaften in Berlin eine kurze Gedenkrede auf Humboldt. Boeckh hebt die „Verbindung der Thätigkeiten des Staatsmannes und Gelehrten" hervor:

> so hat in neuern Zeiten doch schwerlich irgend einer die öffentlichen Verhältnisse zugleich und die Wissenschaft mit solcher Größe des Geistes und solchem Geschick gehandhabt als Wilhelm von Humboldt. (Boeckh 1835: 167)

Die Größe des Staatsmanns Humboldt behandelt er nicht weiter, sie versteht sich offensichtlich von selbst. Boeckh präzisiert aber, worin die wissenschaftliche Bedeutung Humboldts bestand: Sprachforschung ist das wissenschaftliche Zentrum Humboldts. Er hat mehr als andere viele Sprachen „grammatisch studiert", das heißt:

> das Gefüge einer jeden ergründete er so, als wäre sie der einzige Gegenstand seiner Forschungen gewesen, widmete jeder die Aufmerksamkeit, welche ehemals nur Sprachen zu Theil wurde, auf welche der Glanz einer vollendeten Litteratur sich herabsenkt. (Boeckh 1835: 169/170)

Boeckh hat damit genau gesehen, dass Humboldt Sprachwissenschaft auf die strukturelle Beschreibung („Gefüge") der Sprachen der Welt ohne Berücksichtigung ihres literarischen Ansehens fokussierte. Das war damals in der Tat revolutionär neu, aber es brauchte noch einige Zeit, bis diese Bedeutung Humboldts allgemein begriffen wurde. Boeckh hat Humboldt auch insofern genau verstanden, als er im Anschluss an seine Rede aus Humboldts noch ungedrucktem Hauptwerk aus dem Kapitel über den „Charakter der Sprache“ vorgelesen hat, auf das Humboldts Sprachwissenschaft hinausläuft.

In solchen Gedenk-Reden zeigt sich ja oft in großer Klarheit, wie die Zeitgenossen die Verstorbenen wahrgenommen haben: Humboldt war Staatsmann und (Sprach-)Gelehrter zugleich. Diese Dualität wird auch die folgende Darstellung leiten. Das erste war völlig klar, das zweite musste Boeckh 1835 noch verdeutlichen, indem er auf die bevorstehende Veröffentlichung des großen Werks des „Verewigten“ hinwies. Denn in der Tat hatte Humboldt bis zu seinem Tod nicht sehr viel Wissenschaftliches veröffentlicht. Der Umfang und die Bedeutung seines wissenschaftlichen Werkes waren gar nicht abzusehen, als er starb. Humboldt ist nämlich, so hat ein hochberühmter Kollege geschrieben, hinsichtlich seiner Bedeutung als Gelehrter und Philosoph ein „Nachlassphänomen“.[3] Das war, als ich das zum ersten Mal las, eine verstörende Aussage. Und es war mir bei meinen Forschungen zu Humboldt nie aufgefallen. Aber es ist eine Bemerkung, auf deren Berechtigung ich einleitend eingehen möchte, auch weil sie vielleicht mehr als bei anderen Berühmtheiten das Schillernde im Porträt Humboldts erklärt.

1.4. Nachlassphänomen

Humboldt war schon zu seinen Lebzeiten berühmt, aber nicht wegen seiner Schriften, sondern eben als Staatsmann, wahrscheinlich auch als Freund von Schiller und Goethe und sicher als Bruder des berühmteren Alexander, des damaligen Weltstars der Wissenschaft. Geschrieben hat er zwar viel, die von 1903 bis 1936 erschienenen *Gesammelten Schriften* umfassen immerhin siebzehn Bände. Davon war jedoch nur ein Teil vor seinem Tod veröffentlicht worden.[4] Humboldt hat vieles begonnen, dann aber unvollendet liegengelassen. Da er kein professioneller Schriftsteller oder Professor war, brauchte er auf die Fertigstellung seiner Arbeiten nicht zu achten. Er hatte bis zu seinem Lebensende drei Bücher publiziert: *Über Göthe's Hermann und Dorothea* (1799), die Übersetzung des *Agamemnon* von Aischylos (1816) und *Prüfung der Untersuchungen über die Urbewohner Hispaniens vermittelst der Vaskischen Sprache*, also Sprachgeschichtliches zu den Basken (1821). Aber das sind keine Werke, die Humboldt als Schriftsteller berühmt gemacht hätten. Und worin bestand ihr innerer Zusammenhang? Als junger Mann (1792) hatte er ein paar kleine Aufsätze zu politischen Themen publiziert. Aufmerksamkeit erregt haben wohl seine beiden Aufsätze „Über den Geschlechtsunterschied" und „Über die männliche und weibliche Form", die 1795 an prominenter Stelle erscheinen, nämlich in Schillers Zeitschrift *Die Horen*. Die zwei Aufsätze zum Baskischen (1812 und 1817) sind wohl kaum jenseits der Spezialistenkreise bemerkt worden, ebenso wie die fünf in Paris gedruckten französischsprachigen Aufsätze. Die wichtigsten wissenschaftlichen Publikationen Humboldts zu seinen Lebzeiten waren acht 1822 bis 1832 gedruckte Akademie-Reden[5], die aber auch eher nur von wenigen Fachwissenschaftlern gelesen wurden. Immerhin hat kein Geringerer als Hegel die Rede über die *Bhagavad-Gita* rezensiert. Aber Goethe hatte offensichtlich nur die erste Akademierede, „Über das vergleichende Sprachstudium", gelesen, die anderen Reden, die Humboldt seinem Freund zuschicken ließ, blieben ungelesen.[6] Humboldt beklagt sich über die geringe Resonanz.

Man geht daher sicher nicht fehl in der Annahme, dass die beiden Aufsätze über Schiller und Goethe, aus dem Jahr 1830, die bekanntesten literarischen Erzeugnisse Humboldts waren.[7] Was der Staatsmann und Freund Schillers und Goethes zu den beiden großen Dichtern zu sagen hatte, hat sicher viele Gebildete interessiert. Diese Porträts haben das Bild der deutschen Klassik nachhaltig geprägt. Sie sind auch heute noch überaus lesenswert, und sie sind höchst charakteristisch für Humboldts schriftstellerische Arbeit, so dass ich mit ihnen meine Darstellung beginnen möchte.

Diese wird insgesamt aus drei Teilen bestehen, denen drei zeitlich einigermaßen umrissene Aktivitäten entsprechen: Bis 1808 ist Humboldt in Bewegung auf der Suche nach einer Wissenschaft vom Menschen. Von 1802 bis 1819 erfüllt er verschiedene Missionen als Staatsmann. Und von 1820 bis zu seinem Tod 1835 ist er angekommen im Studium der Sprache, im Zentrum seiner Wissenschaft vom Menschen, denn: „Der Mensch ist nur Mensch durch Sprache" (IV: 15).

2. Bewegungen: Auf der Suche nach der Wissenschaft vom Menschen

2.1. Schiller und Goethe

Ich nähere mich Humboldt vom Ende her. Humboldt hat 1830, vermutlich angeregt vom Briefwechsel Goethe-Schiller, den Goethe 1829 herausgegeben hat, seinen Briefwechsel mit Schiller bei Cotta publiziert und ihm eine „Vorerinnerung über Schiller und den Gang seiner Geistesentwicklung“ vorangestellt. Humboldt und Schiller sind sich Weihnachten 1789 durch die Freundschaft ihrer Frauen begegnet, Schiller hat Humboldt zu sich nach Hause eingeladen, der erste Brief Humboldts stammt aus dem Jahr 1790. Eine enge Freundesbeziehung entsteht. Die Humboldts ziehen 1794 wegen Schiller nach Jena, dort treffen sich die Männer täglich, auch mit ihren Familien. Sie lesen Kant zusammen, diskutieren Literarisches und Politisches. Humboldt arbeitet mit bei der Herausgabe von Schillers Zeitschrift *Die Horen*. Im Jahr seiner Abwesenheit von Jena 1795/96 führt Humboldt seinen täglichen Austausch mit Schiller brieflich fort und schreibt häufig aus Berlin und Norddeutschland. Nicht mehr ganz so intensiv ist dann der Briefwechsel in Humboldts Pariser Zeit (1797 – 1801) und in Rom (1802 bis zu Schillers Tod 1805). Humboldts Brief aus Paris über den *Wallenstein* und über die Sprache (September 1800), dreiundzwanzig Druckseiten lang, ist eine tiefe Studie des Dramas, ein Vorschein seiner zukünftigen Sprachphilosophie und eine Skizze des Vergleichs zwischen Schiller und Goethe. Der Brief Humboldts an Schiller über den Tod seines ältesten Sohnes Wilhelm in Rom und die Antwort Schillers sind die bewegendsten Dokumente dieser Freundschaft (August/September 1803). Der Briefwechsel zeigt bei aller formalen Distanz – die beiden siezen sich bis zum Ende – eine große geistige und emotionale Nähe, die Humboldt ergreifend charakterisiert, wenn er nach Schillers Tod an Madame de Staël schreibt: „C‘étoit le seul homme que j‘aimois beaucoup sur cette terre“ (25. Mai 1805), „Er war der einzige Mann, den ich auf dieser Erde sehr geliebt habe“. Humboldt hatte seinen Freund 1802 zum letzten Mal getroffen.

Die Beziehung zu Goethe, der sich 1794 endlich mit Schiller anfreundet und sich dem Jenaer Freundeskreis anschließt, ist zwar weniger innig, aber Goethe ist immer präsent in Humboldts Denken und Schreiben. Das Phänomen Goethe treibt Humboldt um. Er schreibt, nach der Jenaer Zeit, das schon erwähnte erste Buch, über Goethes *Hermann und Dorothea* (1799). Humboldt trifft Goethe immer wieder in Weimar, und sie schreiben einander Briefe. Goethe hält die Verbindung mit Humboldt wortwörtlich bis zu seinem Tod. Sein letzter Brief ist an Humboldt adressiert.

Die Rezension von *Goethes Zweitem römischen Aufenthalt* (1830) ist insofern besonders eng mit Humboldts Leben verwoben, als hier seine eigenen Rom-Erfahrungen mit denjenigen Goethes zusammentreffen. Humboldt bringt sein tiefes Romerlebnis und seine Liebe zu Italien in die Besprechung des Goetheschen Rom-Aufenthalts ein. Dadurch erhält dieser Aufsatz neben der analytischen Klarheit eine große emotionale Intensität. Humboldt schaut vom Ende des Lebens auf Rom, in dem er ebenso wie Goethe in der Mitte seines Lebens (1786 bis 1788 war Goethe siebenunddreißig bis achtunddreißig Jahre alt, und Humboldt war 1802 bis 1808 fünfunddreißig bis einundvierzig) eine entscheidende Zeit verbracht hatte, die sie beide zu ihrem Lebensmittelpunkt führte. Goethe kommt, wie er glaubt, als bildender Künstler nach Italien, er zeichnet viel, wird sich aber in Rom – „in dieser Hauptstadt der Welt“ (Goethe am 1. November 1786) – bewusst, dass er zum Dichter geboren ist. Aber das Zeichnen, erkennt Humboldt, die Anschauung der Gegenstände der Natur und die Nachbildung ihrer Gestalt, ist auch das Wesen der Goetheschen Dichtung:

Abb. 4: Johann Wolfgang von Goethe
im 80. Lebensjahr
Joseph Karl Stieler 1828

> Göthe's Dichtungstrieb, verschlungen [...] in seinen Hang und seine Anlage zur bildenden Kunst, und sein Drang, von der Gestalt und dem äusseren Object aus dem inneren Wesen der Naturgegenstände und den Gesetzen ihrer Bildung nachzuforschen, sind in ihrem Princip Eins und ebendasselbe, und nur verschieden in ihrem Wirken. (VI: 537)

Dass der römische Aufenthalt zum Wesenskern Goethes führt, lässt es dann auch ganz selbstverständlich erscheinen, dass der Artikel über Goethe, den größten Dichter der Moderne, mit der Lobpreisung Roms endet, wo die höchste Kultur der Moderne, die Kultur Italiens, aus der Antike hervorgewachsen ist. In Rom sind Goethe, Italien und die Antike in unüberbietbarer Größe vereint:

> So ist Rom für uns Eins geworden mit den zwei grössesten Zuständen, auf welche sich unser geistiges Daseyn gründet, dem classischen Alterthum, und dem Emporwachsen moderner Grösse an der antiken. (VI: 449f.)

Abb. 5: Friedrich Schiller
Anton Graff, 1791

Nicht ein einziges, besonderes Buch, in dem sich das Wesen des Genies konzentriert, sondern Schillers gesamtes Schaffen erfasst Humboldt in seiner „Vorinnerung“ an den Mann, den er am meisten geliebt hat. Die große Dichtung geht hier nicht aus dem Zeichnen der Natur, also der Anschauung der äußeren Welt, hervor, sondern aus dem Inneren, aus dem Denken:

> Aber dies Dichtergenie war auf das engste an das Denken in allen seinen Tiefen und Höhen geknüpft, es tritt ganz eigentlich auf dem Grunde einer Intellectualität hervor, die Alles, ergründend, spalten, und Alles, verknüpfend, zu einem Ganzen vereinen möchte. (VI: 495)

Schiller ist die hohe Verbindung von Dichtung und Philosophie:

> Schiller kannte keine andre Beschäftigung, als gerade mit Poesie und Philosophie, und die Eigenthümlichkeit seines intellectuellen Strebens bestand gerade darin, die Identität ihres Ursprungs zu fassen und darzustellen. (VI: 506)

„Der Gedanke [war] das Element seines Lebens“ (VI: 496), während Goethes „Element“ die Anschauung war. So wie Italien das Land Goethes ist, so ist das Land, zu dem Schillers Dichtung gehört, Deutschland (VI: 505). Als Einführung in Schillers philosophische Schriften würdigt Humboldt Kant, dessen Werk er zusammen mit Schiller studiert hatte, als „das grösseste Werk, das vielleicht je die philosophirende Vernunft einem einzelnen Manne zu danken gehabt hat“ (VI: 509). Denn: „Er führte im wahrsten Sinne des Worts die Philosophie in die Tiefen des menschlichen Busens zurück“ (ebd.). Humboldt ist wie Schiller ein Kantianer, dessen Philosophieren mit Kant über diesen hinausging bzw. in seinem Falle durch seine Sprachphilosophie von innen sprengte.

Die Intensität der beiden Dichter-Porträts verdankt sich der Tatsache, dass Humboldts eigenes Erleben – Italien und die Antike einerseits, Jena und die Kantische Philosophie andererseits – jeweils in die Darstellung einfließt. In beiden Dichter-Artikeln erscheint an zentraler Stelle Humboldts wichtigster sprachphilosophischer Ausdruck „Weltansicht“ (VI: 497 und 538), in dem die jeweilige Spezifizität der Denkungsart der beiden Dichter (sonst der Sprachen) zusammengefasst ist. Und es ist auch kein Zufall, dass der Ausdruck „Arbeit des Geistes“ – seine Formel für die Aufgabe der Sprache – im Zusammenhang mit Schiller fällt, der seit dem *Wallenstein*-Brief 1800 für ihn der „sprachlichere“ Dichter ist, während Goethe die Sprache eher als Bild verwendet. Der „Gedanke“, der das Element des Schiller'schen Lebens war, „zeigte sich am meisten im Gespräch, für das Schiller ganz eigentlich geboren schien" (VI: 496):

> Er behandelte den Gedanken immer als ein gemeinschaftlich zu gewinnendes Resultat, schien immer des Mitredenden zu bedürfen, wenn dieser sich auch bewusst blieb, die Idee allein von ihm zu empfangen, und liess ihn nie müssig werden. (VI: 496)

Schiller ist für Humboldt die inkarnierte Sprache, deren Tätigkeit die „Bildung des Gedanken" obliegt.

Wenn ich mein Humboldt-Porträt mit den beiden Dichter-Porträts Humboldts beginne, so deswegen, weil ich andeuten möchte, was Humboldt am besten kann: Er kann Menschen „charakterisieren", ihren Wesenskern erfassen, ihre „Eigenthümlichkeit" (ein zentrales Humboldt'sches Wort) in einem „Totaleindruck" (ein weiteres Humboldt-Wort) so entwerfen, dass man es nicht mehr vergisst. Deutschland hat die beiden „Charakteristiken" Schillers und Goethes, wie Humboldt sie gezeichnet hat, nie wieder vergessen. Sie sind das schönste Beispiel für das, was man Humboldts Anthropologie nennen kann. Denn Anthropologie, das Studium des Menschen, war Humboldts eigentliche Berufung. Die Schilderung des „Charakters" der Menschen ist das Ziel seiner Wissenschaft vom Menschen. Den Weg in die Anthropologie und deren Entfaltung möchte ich im Folgenden darstellen.

2.2. Griechisch

Der junge Humboldt stürzt sich nach dem Tod seines Vaters in die Gelehrsamkeit. Bruder Alexander macht sich später einmal über den Studenten Wilhelm lustig: „Er wird sich tod studiren, mein Bruder" (27. Februar 1789 an Wegener). Es ist ganz offensichtlich, dass er in den Büchern seine Welt und seinen Trost findet, wohl auch seine erste Liebe: das Griechische.[8] Diese Sprache und ihre Literatur ergreifen ihn früh und lassen ihn sein ganzes Leben lang nicht los.

Seine erste Publikation (1787/90) ist eine Übersetzung aus dem Griechischen, er übersetzt ein Stück aus den *Sokratischen Denkwürdigkeiten* des Xenophon und das zehnte Buch von Platons *Nomoi*. Humboldt liest nicht nur täglich Griechisches, er wird auch fast sein ganzes Leben lang aus dem Griechischen übersetzen, vor allem Pindar und dann – sicher sein dichterisches Meisterwerk – den *Agamemnon* von Aischylos, den er nach jahrzehntelanger Arbeit 1816 drucken lässt. Es geht in allen diesen Übersetzungen um die Götter. Das Griechische ist das Gefäß der Humboldtschen Gottheiten. Dem christlichen Gott gegenüber ist Humboldt gleichgültig. Die Pindar-Übersetzungen stammen zumeist aus den 1790er Jahren. Humboldt gibt den hohen Ton der Gedichte in einem großartigen, hochgestimmten Deutsch in der Nachfolge Klopstocks und der Vossischen Homer-Übersetzung (die Humboldt sein ganzes Leben lang immer wieder preisen wird) wieder. Humboldt wird in keiner seiner anderen Dichtungen eine solche poetische Kraft erreichen wie in diesen Übersetzungen. Als Beispiel sei hier der Anfang der sechsten nemeischen Ode zitiert:

> Eins ist der Menschen, eins der Götter Geschlecht,
> und von Einer Mutter
> athmen wir beide.
> Aber mächtig geschieden trennt uns der Kräfte
> Vermögen, dass das Eine nichts ist.
> Aber der eherne Himmel ein ewig
> sicherer Sitz bleibt. Dennoch gleichen in etwas,
> in des Geistes Adel, und der Natur,
> wir den Unsterblichen;
> wissen wir gleich nicht welchem Ziel,
> weder bei Tage,
> noch bei Nacht, das Schiksal
> uns entgegen zu laufen gebeut. (VIII: 104 f.)

Der *Agamemnon* des Aischylos ist für Humboldt die erhabenste griechische Tragödie, in der es dem Dichter gelungen sei, „das reine Symbol der menschlichen Schicksale, des gerechten Waltens der Gottheit, des ewig vergeltenden Verhängnisses“ (VIII: 119) zu schaffen. Die griechische Sprache bildet in dieser Dichtung Gerechtigkeit und Verhängnis, *Dike* und *Nemesis*, den Wesenskern der griechischen Kultur:

> Dike und Nemesis, die beiden reinsten Götterbegriffe des Alterthums, an welche der einfach erhabene Sinn der Griechen die ganze Weltregierung knüpfte, so dass unter ihrer Leitung Begebenheit sich aus Begebenheit entwickelte, sind es, auf denen der ganze Sinn und Begriff der Dichtung ruht. (VIII: 119)

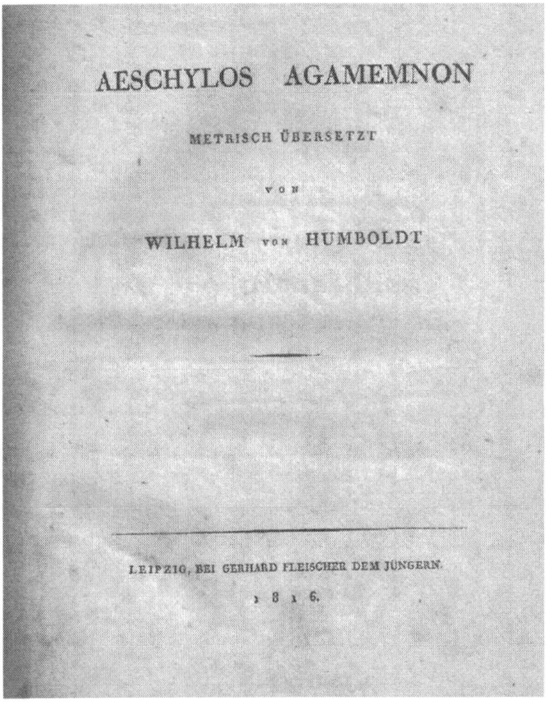
AESCHYLOS AGAMEMNON

METRISCH ÜBERSETZT

VON

WILHELM VON HUMBOLDT

LEIPZIG, BEI GERHARD FLEISCHER DEM JÜNGERN.

1816.

Abb. 6: Aeschylos Agamenon metrisch übersetzt

Vielleicht ist Humboldt nirgendwo so bei sich selbst wie in diesen Nachdichtungen, in denen ihm etwas gelingt, was er als den tiefen Sinn des Übersetzens betrachtet, nämlich die Vermählung zweier Sprachen, des Griechischen und des Deutschen.[9]

Dem Griechischen ist auch eine seiner besten wissenschaftlichen Arbeiten gewidmet, die eine große Wirkung gehabt hat – aber nicht als Werk Humboldts! Humboldt schickt 1793 seinem Freund Friedrich August Wolf (1759-1824), dem großen Altphilologen, einen Aufsatz „Über das Studium des Alterthums, des griechischen insbesondere", in dem er systematisch darlegt, wozu und wie man das Altertum, insbesondere die Griechen studieren soll. Wolf, der selber kein großer Theoretiker war, integriert den theoretischen Teil dieser Schrift, immerhin ein Drittel des Aufsatzes, anonym in einer neunseitigen Fußnote in sein Buch *Darstellung der Alterthumswissenschaft* (1807: 126-129, 133-137), das dann als Gründungsurkunde der neuen Altertumswissenschaft großen Erfolg haben wird. Der „letzte Zweck" dieser neuen Wissenschaft ist darin von Humboldt in der Fußnote formuliert worden, ohne dass sein Name in diesem Zusammenhang genannt worden wäre. Der Aufsatz ist erst 1896 in Gänze und mit Humboldts Namen gedruckt worden.

Humboldt sieht den generellen Zweck des Studiums des Altertums in der Erweiterung von „Menschenkenntniss" (I: 256). Der Fokus dieses Studiums ist die „Nation", deren „Charakter" in einer „Biographie" entfaltet werden soll durch die Schilderung ihres „ganzen politischen, religiösen und häuslichen Zustands", also durch die Erfassung der gesamten Kultur (I: 256). Die Griechen sind zwar ein besonders hervorragender Gegenstand dieser Wissenschaft vom Menschen, weil sie das Menschsein auf höchste Weise realisiert haben. Aber prinzipiell gilt die Projektskizze über das Studium des Altertums für das „Studium des Menschen überhaupt" (I: 263), sie ist also durchaus eine Skizze für eine allgemeine Anthropologie: „Das Studium des Menschen gewönne am meisten durch Studium und Vergleichung aller Nationen aller Länder und Zeiten" (I: 264).

Was Humboldt hier mit Blick auf die bewunderten Griechen ausführt, lässt ihn nicht mehr los. In den „Thüringer Jahren" (1791 bis 1797), den Anfangsjahren seiner Ehe mit Caroline in Erfurt, der Freundschaft mit Schiller und Goethe in Jena, des Besuchs der kranken Mutter in Tegel bis zur Abreise nach Paris, probiert Humboldt Verschiedenes. Er schreibt Politisches, er übersetzt den Pindar, er studiert mit Schiller Kant, er schreibt über das „Studium des Alterthums". Und er findet immer mehr zu dem, was ihn wirklich interessiert und wozu er wirklich begabt ist: zum „Studium des Menschen überhaupt", zur Anthropologie. Das Griechenprojekt ist damit gleichsam als Spezialfall eingebettet in das Studium des Menschen als Studium „aller Nationen aller Länder und Zeiten", auf das es sich dann explizit weitet. Bevor ich aber Humboldts anthropologisches Projekt weiterverfolgen kann, muss ich eine andere Prägung des jungen Humboldt besprechen, das diesem Studium ebenso tief zugrunde liegt wie die Liebe zum Griechischen: die Liebe zur Liebe. Zusammen mit *Dike* und *Nemesis*, den reinsten Göttern Griechenlands, ist *Eros* das tiefste Movens in Humboldts Seele.

2.3. Theorie der Geschlechter

„Dürfte nicht diese Betrachtung dem sonderbaren Streit über den Ausdruk: *Freudenmädchen* eine andre Wendung geben?" (I: 64). Diese Frage in einer Fußnote in einem Aufsatz aus dem Jahr 1788/1789 enthält sozusagen die „Grundaussage" des Denkens und Fühlens Wilhelm von Humboldts. Zwei wohlmeinende Moralapostel hatten 1787/88 im Zentralorgan der Berliner Aufklärung und Wohlanständigkeit, der *Berlinischen Monatsschrift*, empört gegen das Wort „Freudenmädchen" protestiert und wollten es durch die Ausdrücke „Metze" oder „Jammermädchen" ersetzt wissen. Schon damals war offensichtlich die moralisch-korrekte Sprachpolizei aktiv. Dies musste den jungen Humboldt zu der spöttischen Fußnote provozieren. Erstens war ihm nichts größere „Freude" als die Freuden der Geschlechtlichkeit, und zweitens war er aufs tiefste davon überzeugt, dass alle Kreativität aus der Geschlechtlichkeit stammt oder – allgemeiner, philosophischer formuliert – dass alles Geistige auf dem Sinnlichen basiert, dass das Physische, Moralische und Geistige innig miteinander verbunden sind. Genau das hatte er in dem Satz geschrieben, an den er die Fußnote angehängt hatte:

> Der Uebergang von der bloss sinnlichen Lust zu dem Gefühl des sinnlich Schönen macht der Seele endlich jene [also die sinnliche Lust] unschmakhaft und bereitet den Schritt zum sittlich Schönen vor. Ich weiß daher nicht, ob die Bemühung, auch der groben Sinnlichkeit eine reizendere Gestalt zu leihen, nicht mehr unseren Dank als unsren Vorwurf verdienen sollte? (I: 64)

Die Bemühung also, die niederen Freuden des Sinnlichen, d.h. genauer: des Sexuellen, sprachlich zu verschönern, ist zu loben, denn sie verweist gleichsam dankbar auf die Quelle des Sittlichen und Geistigen. Der Ausdruck „Freudenmädchen" tut dies. Aber dazu muss man natürlich die „bloss sinnliche Lust" auch als Freude erleben. Genau dies ist ganz offensichtlich Wilhelm von Humboldts zentrale Lebenserfahrung.

Das Sexuelle wird ihn immer stark beschäftigen, ja seine Selbstbeobachtung betrifft gerade auch seine Sexualität, was ganz ungewöhnlich ist für die Zeit.[10] So z.B. wenn er im Tagebuch Bordellbesuche protokolliert und wenn er an einer berühmten Tagebuchstelle seine spezifische sexuelle Orientierung beobachtet und notiert, dass ihn eine gleichsam proletarisch-männliche Weiblichkeit sexuell erregt. In einem Notizbuch aus der Wiener Zeit (1811/12), in dem er linguistische Ausarbeitungen amerikanischer Sprachen niederschreibt, notiert er mitten in den wissenschaftlichen Aufzeichnungen kuriose Lesefrüchte aus Zeitungen oder Büchern über sexuell motivierte Grausamkeiten gegenüber Frauen. Das ist vermutlich Material für eine Geschichte des weiblichen Geschlechts, die er noch bis 1827/28 plant.[11]

Der jugendliche Artikel, aus dem die Fußnote vom Freudenmädchen stammt, ist allerdings damals nicht gedruckt worden, sondern erst mehr als hundert Jahre später 1903 in den *Gesammelten Schriften* erschienen. Humboldt hat aber ein paar Jahre nach diesem Satz, 1795, an prominenter Stelle, nämlich in Schillers *Horen*, einen Aufsatz über die fundamentale Rolle der Sexualität für die menschliche Seele publiziert, den ihm dann der verehrte Kant so um die Ohren geschlagen hat, dass er nie wieder explizit auf die Frage zurückgekommen ist. Aber was hatte Humboldt geschrieben, das Kant so reizte?

Die Natur hat die Kräfte des Lebens auf zwei Prinzipien, das Männliche und das Weibliche, verteilt. Diese gegensätzlichen Urkräfte der Natur streben nach Vereinigung, um den Fortgang des Lebens zu garantieren. Nach Humboldt liegt die Dualität der Geschlechter, die geschlechtliche „Wechselwirkung" (I: 312, ein weiterer zentraler Humboldtscher Ausdruck), ihre Vermählung und die durch diese bewirkte Erzeugung eines neuen Wesens aber nicht nur der Reproduktion des natürlichen Lebens zugrunde:

> [...] es bedarf nur einer mässigen Anstrengung des Nachdenkens, um den Begriff des Geschlechts weit über die beschränkte Sphäre hinaus, in die man ihn einschliesst, in ein unermessliches Feld zu versetzen. (I: 311)

In dem unermesslichen Feld liegt auch die geistige Schöpfung, auf die es Humboldt vor allem ankommt, die Erzeugung des Gedanken:

> Diesem gegenseitigen Zeugen und Empfangen ist nicht bloss die Fortdauer der Gattungen in der Körperwelt anvertraut. Auch die reinste und geistigste Empfindung geht auf demselben Wege hervor, und selbst der Gedanke, dieser feinste und letzte Sprössling der Sinnlichkeit, verläugnet diesen Ursprung nicht. (I: 316)

Die sexuelle Synthese ist für Humboldt damit die Basis für die Lösung eines philosophischen Problems, das Kant dem Denken seiner Zeit aufgegeben hatte: des Problems der Einbildungskraft und des Genies. Die Einbildungskraft vermittelt nach Kant zwischen den beiden grundlegenden „Gemütskräften" des Menschen, der Sinnlichkeit und dem Verstand, und erzeugt dabei die konzeptuellen Einheiten des menschlichen Denkens, die „Schemata", die Gedanken. Aber wie diese Synthesis geschieht und vor allem, warum sie geschieht, bleibt bei Kant einigermaßen im Dunkeln. Humboldt grundiert nun die Kantische Synthesis der Einbildungskraft mit seiner Theorie der Sexualität: Das Schaffen des „Gedanken" ist eine sublimierte Form von sexueller Aktivität. Sinnlichkeit, das weibliche Prinzip des menschlichen Gemüts, vermählt sich mit dem Verstand, als dem männlichen Pol. Aus dieser Hochzeit geht der feinste und letzte Sprössling hervor, der Gedanke. Und da die menschliche Kreativität sich insgesamt der gewaltigen Kraft der Sexualität verdankt, folgt auch für die Frage des Genies: „Die geistige Zeugungskraft ist das Genie" (I: 316). Die zentrale Figur der klassischen Ästhetik, das Genie, bekommt damit eine sexuelle Basis.

Natürlich werden hier ganz traditionelle Vorstellungen vom Weiblichen und vom Männlichen herangezogen. Wichtig ist aber eine doppelte Neuheit dieses Diskurses über die Geschlechter, nämlich erstens, dass die jeweiligen Pole nicht ausschließlich männlich oder weiblich sind, sondern dass sie in sich bipolar sind: auch das Männliche hat eine weibliche Seite und umgekehrt das Weibliche eine männliche – eine entscheidende Erkenntnis moderner Geschlechterdiskurse. Und zweitens – und das ist, was ich die präfreudianische Pointe nenne – dass die Sexualität hineinwirkt in die geistige Kreativität, dass nicht nur das Fühlen, die Emotion, sexuell grundiert ist, sondern dass letztlich sogar menschliches Denken, die Kognition, auf einer Form sexueller Verbindung beruht. Zwei Momente sind dabei des weiteren wichtig: Aus der sexuellen Vereinigung geht ein neues Wesen hervor, und – und das ist mindestens ebenso wichtig – keiner der beiden an der Zeugung Beteiligten wird bei der Vereinigung zerstört, sondern beide bleiben erhalten.

Wie sich nun Humboldts Leidenschaft für das Griechische mit dem Geschlechterthema verbindet, zeigt der Beginn des zweiten Teil des Geschlechter-Artikels „Über die männliche und weibliche Form“, wo er die griechischen Götter hinsichtlich ihrer Weiblichkeit (mit ihren römischen Namen: *Venus, Diana, Minerva, Juno*) oder ihrer Männlichkeit (*Bacchus, Hercules, Apoll*) analysiert. Wie tief die beiden Themen, griechische Welt und Sexualität, in Humboldts Denken verschränkt sind, geht aus dem Schlusssatz des Artikels hervor:

> So gehorcht daher die Natur derselben Gottheit [dem Eros nämlich], deren Sorgfalt schon der ahnende Weisheitssinn der Griechen die Anordnung des Chaos übertrug. (I: 334)

Kant protestiert, wie gesagt, lebhaft gegen diese sexualisierte Version der Synthesis der Einbildungskraft. Es sei ein „Abgrund des Denkens“, in den Humboldt da gefallen sei, eine „Aussicht ins Unabsehliche“, schreibt er an Schiller (am 30. März 1795), und Humboldt wird daraufhin die Erforschung der Geschlechtlichkeit nicht weiter verfolgen. Er lässt aber nicht locker bei der Frage der Einbildungskraft und findet schließlich in der Erzeugung des Gedankens durch die Sprache seine Lösung des Kantschen Problems. In der außerordentlich prominenten Verwendung des Wortes „erzeugen“ in den sprachphilosophischen Kontexten schimmert der sexuelle Grund der sprachlichen Kreativität aber auch später noch durch, z.B. im folgenden berühmten Satz: „Man muss die Sprache nicht sowohl wie ein todtes Erzeugtes, sondern weit mehr wie eine Erzeugung ansehen“ (VII: 44).

Dass die „Theorie der Geschlechtlichkeit“ nicht nur das Resultat einer theoretischen Reflexion über die biologische Basis des Genies ist, sondern auf eine tiefe Schicht von Humboldts psychischer Struktur zurückgeht, zeigt die Tatsache, dass die erotische Synthese schon vor den *Horen*-Aufsätzen Humboldts Denken bestimmt. So basiert zum Beispiel seine Kritik an der ersten französischen Verfassung von 1791 darauf, dass die politische Neuordnung nicht auf einer „Vermählung“ des Gegebenen mit dem Neuen basiere, sondern auf einer radikal einseitigen Setzung der männlichen Rationalität. Diese könne nicht gelingen, weil „jedes Zeugen ein gleich thätiges Empfangen“ erfordere (I: 80), also das Verbinden von männlicher und weiblicher Aktivität. Auch der in seiner frühen politischen Schrift „Über die Grenzen der Wirksamkeit des Staates“ aus dem Jahr 1792 festgestellte Zweck des Menschen, die „höchste und proportionirlichste Bildung seiner Kräfte zu einem Ganzen“ (I: 106), ist nur in der „Verbindung mit andren“ zu erfüllen: „Eine solche charakterbildende Verbindung ist, nach der Erfahrung aller, auch der rohesten Nationen, z.B. die Verbindung der beiden Geschlechter“ (I: 107). Die Bildung des Einzelnen verdankt sich einer liebenden Verbindung mit dem Anderen.

Humboldt wird zwar nichts mehr zum Geschlechterthema publizieren, er wird aber – wie gesagt – die erotische Denkfigur durch sein zukünftiges Denken beibehalten. So kritisiert er zum Beispiel an der spanischen Kolonialherrschaft in Amerika, dass diese sich nicht mit den indianischen Völkern synthetisch-liebend verbunden, sondern sie – wie die Franzosen ihre Vergangenheit – vertilgt habe. Humboldts Auffassung von den grammatischen Formen, das heißt von den Grundstrukturen des Satzes, präferiert eine erotische Grundfigur: Die flexionelle Verbindung der Wörter im Satz ist eine „Synthesis“, die im Gegensatz zu den beiden anderen Möglichkeit der Verbindung der Wörter im Satz steht, zu „Isolierung“ und „Einverleibung“, also der Nebeneinanderstellung ohne Berührung und der völligen Verschmelzung der Einheiten im Ganzen. Im Chinesischen stehen nach Humboldt die Wörter ohne morphologische

Markierung ihrer Funktion „isoliert“ im Satz, im Mexikanischen dagegen werden sie zu einem einzigen Satz-Wort amalgamiert („Einverleibung“). Die Sprachen mit Flexion entsprechen der liebenden Synthese von Einheiten, sofern sie die Wörter mit Flexions-Morphemen auf ihre Funktion im Satz vorbereiten, also das Verbindende markieren, ohne dass die Wörter ihre Eigenständigkeit verlieren. Das markanteste und wichtigste Beispiel dieses Vorwaltens der erotischen Denkfigur ist der „unabänderliche Dualismus“ der Sprache, der das Zentrum seiner Sprachphilosophie ausmacht: Sprache ist Denken, „Bildung des Gedanken“, aber dieses Denken basiert auf der Dualität von Ich und Du, die letztlich auf den Geschlechtsunterschied zurückgeht: „der Mensch sehnt sich, abgesehen von allen körperlichen und Empfindungs-Beziehungen, auch zum Behuf seines blossen Denken nach einem dem Ich entsprechenden Du“ (VI: 26). Diese „Sehnsucht“ des Denkens ist, wir wissen es aus dem *Horen*-Aufsatz, eine Sublimationsform des Sexuellen.[12]

Die Trias von Isolierung, Synthese und Einverleibung durchzieht das gesamte Werk Humboldts. Sie wird uns immer wieder begegnen, und immer wird die Synthese Humboldts präferierte Lösung bei den verschiedenen Verbindungen sein, über die er nachdenkt.

2.4. Anthropologische Projekte

In den Jahren 1794 bis 1797, die die Humboldts im wesentlichen in der Freundschaft mit Schiller in Jena verbringen, werden die Weichen für das zukünftige Projekt Humboldts gestellt. Humboldt schreibt in dieser Zeit nicht nur seine grundlegende Geschlechtertheorie nieder, die seine „Philosophie“ ist, sondern er findet auch heraus, was er in Zukunft machen möchte und kann, nämlich „Anthropologie“. Er denkt auch zum ersten Mal in einem kleinen Text „Über Denken und Sprechen“ philosophisch über die Sprache nach. Humboldt fasst aber vor allem den (ungedruckten) „Plan einer vergleichenden Anthropologie“. „Anthropologie“ ist im 18. Jahrhundert die Erforschung der konkreten Erscheinungsformen des Menschen, während die Philosophie die universalen Eigenschaften des Menschen erkundet:

> Wie man in der vergleichenden Anatomie die Beschaffenheit des menschlichen Körpers durch die Untersuchung des thierischen erläutert; ebenso kann man in einer vergleichenden Anthropologie die Eigenthümlichkeiten des moralischen Charakters der verschiedenen Menschengattungen nebeneinander aufstellen und vergleichend beurtheilen. (I: 377)

Die „Menschengattungen", an die Humboldt hier als Untersuchungsgegenstände denkt, sind „vorzüglich Nationen und Zeiten" (I: 384) oder „Geschlechter, Alter, Temperamente" (I: 390). Das Ziel der Untersuchung ist die Erfassung des „moralischen Charakters", also der geistigen und seelischen Eigenschaften der Menschen, deren „Eigenthümlichkeiten" aus dem Vergleich ersichtlich werden und die im Ausdruck „Charakter" zusammengeführt werden. Der für Humboldt zentrale Ausdruck „Charakter" ist uns schon im Griechenprojekt begegnet. Die Daten für die Anthropologie liefern „Geschichtschreiber, Biographen, Reisebeschreiber, Dichter, Schriftsteller aller Art, selbst den speculativen Philosophen nicht ausgenommen" (I: 377), aber auch alle möglichen Beobachtungen des Anthropologen selbst. Diese müssen allerdings aus einer „strengen Beobachtung der Wirklichkeit" hervorgehen. Eine ganz besondere Eigenart der Humboldtschen Anthropologie, durch die sie sich von der damaligen und heutigen gängigen Anthropologie unterscheidet, ist es schließlich, dass sie sich nicht auf „primitive" oder exotische Menschengruppen bezieht, sondern „sich auf den kleinen Kreis der höchsten Cultur beschränken" wird (I: 394). Deswegen sind Griechenland und später dann Frankreich auch bevorzugte Gegenstände der anthropologischen Forschungen Humboldts.

Von heute aus gesehen ist diese „Anthropologie" eine umfassende Wissenschaft von menschlicher Kultur, sie umfasst aber auch konkrete physische Erscheinungsformen des Menschen, welche allerdings hinsichtlich ihrer „moralischen" Eigenschaften betrachtet werden. Daher ist die erste konkrete, nicht universelle Manifestationsform des Menschen, die Humboldt thematisiert, die geschlechtliche Erscheinungsform des Menschen als Mann oder als Frau. Der „Plan einer vergleichenden Anthropologie" läuft auf eine Betrachtung der „einzelnen Züge der Natur der Weiber in Vergleichung mit den Männern" (I: 401) hinaus.

„Nationen und Zeiten" nennt Humboldt als vorzügliche Gegenstände der Anthropologie. Deswegen ist auch das nächste und konkretere Projekt, das Humboldt ins Auge fasst, ein anthropologisches: „Das achtzehnte Jahrhundert" (auch dieses Fragment bleibt unveröffentlicht). Eine ganze Epoche soll erforscht werden. Humboldt plant „eine Charakteristik der Zeit, in der wir leben, verbunden mit einer pragmatischen Herleitung unseres Zustandes aus seinen in früheren Begebenheiten und Umständen verborgenen Ursachen, mithin eine Schilderung des Jahrhunderts, das wir zurückgelegt haben" (II: 1). Wie im Plan der Anthropologie geht es um die „Eigenthümlichkeiten" bzw. den „Charakter" des untersuchten Gegenstandes. Denn: „Unläugbar trägt jede Epoche und in jeder einzelnen jede Classe des Menschengeschlechts einen eigenthümlichen Charakter an sich" (IV: 9). Europa ist der geographische und kulturelle Raum, auf den das 18. Jahrhundert begrenzt wird, das im wesentlichen vom Zusammenspiel der modernen Nationen geprägt ist. Humboldt sagt in diesem Projektentwurf noch nicht viel zur spezifischen Charakteristik des Jahrhunderts, die er ja erst noch erarbeiten möchte. Der Artikel ist eher eine theoretische Abhandlung über das, was überhaupt ein „Charakter" ist und wie „Charakteristik" an sich vorgehen soll. Den Terminus „Charakter" erhellt Humboldt unter Bezugnahme auf die „Charaktere" der Literatur, also auf Theophrast und La Bruyère, aber erst bei Shakespeare findet er sein Modell: „Der eigentliche Schöpfer der ächten Kunst dichterischer Charakterschilderung ist erst Shakespeare" (II: 53). Der Dichter „zeichnet den Charakter, aber er zergliedert ihn nicht" (II: 54). Die Zergliederung oder Analyse des Charakters ist jedoch die Aufgabe des Anthropologen. Aber hier wie auch im „Plan" geht es nicht um den Charakter einzelner Menschen, sondern um den der Epoche. Die Träger der „Eigenthümlichkeiten" des Charakters der Epoche sind offensichtlich wesentlich die Nationen, jedenfalls deuten dies Andeutungen über den französischen und englischen Nationalcharakter an (II: 64ff.).

Humboldt ist überzeugt, dass seine „Charakteristik" einen Neuansatz in den wissenschaftlichen Bemühungen um die Kenntnis des Menschen darstellt: „Unter allen Studien sind wenige bisher so sehr vernachlässigt worden, als das Studium menschlicher Charaktere" (II: 52). Sie ist Teil jenes besonderen Zugangs zu den menschlichen Kulturen, den insbesondere die Deutschen in die europäische Kultur seiner Zeit eingebracht hätten:

> Wir [Deutsche] hingegen gewöhnen uns jetzt die Eigenthümlichkeiten jeder Zeit und jeder Nation zu studiren, so viel wie möglich in dieselben einzugehen, und diese Kenntnisss zum Mittelpunkt unsrer Beurtheilung zu machen. (II: 72)

Für Humboldts wissenschaftliches Projekt insgesamt ist es jedenfalls von entscheidender Bedeutung, dass es immer deutlicher als „Charakteristik“ auftritt. Die Herausarbeitung des „Charakters“ des jeweiligen empirischen Gegenstandes ist das Endziel seiner Anthropologie, und sie bleibt das Ziel seiner Wissenschaft auch in den späteren Sprachstudien.

Zusammenfassend lässt sich über die von mir etwas großzügig „Thüringer Jahre“ genannte Zeit des Suchens und Probierens vielleicht sagen, dass Humboldt, ausgehend von seiner leidenschaftlichen Liebe zum Griechischen und von der ziemlich genialen Intuition der fundamentalen Bedeutung der Sexualität für das menschliche Fühlen und Denken, zu seinem geistigen Zentrum findet, zu dem, was er kann: zur Schilderung konkreter menschlicher Erscheinungsformen in deren „Charakter“.

Die anthropologischen Projektskizzen aus der Thüringer Zeit sind unvollendete Texte, die erst in den Werkausgaben des 20. Jahrhunderts publiziert werden. Sie helfen uns heute, die Grundintention des Humboldtschen sprachwissenschaftlichen Werkes zu erfassen, die sich in den 1820er Jahren allmählich und für die Zeitgenossen schwer erkennbar in den Akademiereden andeutet und erst im *Kawi-Werk* postum voll entfaltet. In der folgenden Etappe seines Lebens geht Humboldt von den Plänen und Projektskizzen zur konkreten anthropologischen Forschung über.

2.5. Paris: die Moderne

Eine der „Eigenthümlichkeiten“ des 18. Jahrhunderts ist „die Herrschaft [...], welche Frankreich seit so langer Zeit in Geschmack, Sprache und Sitten über den grössten Theil der kultivierten Welt ausübt“ (II: 107). Die französische Nation steht im Mittelpunkt der anthropologischen Forschungen, die Humboldt in Angriff nimmt, wenn er 1797 nach Paris übersiedelt.

Nach den anthropologischen Projekt-Skizzen („Alterthum“, „Plan“, „18. Jahrhundert“, „Denken und Sprechen „) tut Humboldt damit den nächsten Schritt zur Entfaltung seiner Anthropologie: Er reist. Das grundlegende Forschungsdesign der Anthropologie ist nämlich die Reise, die Bewegung im Raum. Eigentlich wollte er von Jena aus nach Italien reisen, sozusagen um das Griechenprojekt von 1793 empirisch umzusetzen. Wegen des Krieges aber ist es unsicher, nach Italien zu gehen, in die Antike. Also reist Humboldt mit seiner Familie nach Paris, in die Moderne, in die Hauptstadt des 18. Jahrhunderts. Das passt auch insofern zum Format seiner Anthropologie, als er nicht in eine als „primitiv“ vermeinte Vorwelt reist. Seine anthropologischen Pariser Zeitgenossen, die *observateurs de l'Homme*, die „Menschenbeobachter“, waren auf die „Wilden“ fokussiert und reisten daher vorzugsweise in die Südsee. Humboldt dagegen sucht in seiner Menschenforschung gerade die höchste Zivilisationsstufe auf, um wie schon bei den Griechen herauszufinden, wozu der Mensch in seiner Entwicklung fähig ist.

Humboldt beginnt in Paris sofort mit systematischer anthropologischer Feldforschung. Er stürzt sich geradezu in die dort entstehende Neue Welt: Die aus der Revolution hervorgegangene Französische Republik hatte ihre terroristische Phase im Sommer 1794 überwunden, sie versucht sich zu konsolidieren. Neue politische und kulturelle Institutionen sind entstanden, die Gesellschaft ist in Umgestaltung, der Adel ist emigriert, die Bourgeoisie organisiert ihre Republik. Im Inneren ist das sogenannte *Directoire* die Zeit einer gewissen Ruhe, im Äußeren allerdings führt Frankreich weiterhin Krieg, in Italien, in Ägypten, gegen England, einen Krieg, den es unter Napoleon auf ganz Europa ausdehnen wird und der erst 1815 endet. Humboldt beobachtet die gesellschaftliche Neue Welt neugierig und notiert alles in seinem Tagebuch.[13] Er nennt die Notizen „Materialien“, Materialien nämlich für eine anthropologische Beschreibung Frankreichs. Es wird nie zu einem Buch über Frankreich kommen, aber Humboldts Pariser Tagebuch ist zweifellos das interessanteste Dokument über die französische Gesellschaft und Kultur des *Directoire*. Humboldt besucht Sitzungen der Akademie (die jetzt als Vereinigung aller Akademien *Institut national* heißt), Parlamentssitzungen, Gerichtsverhandlungen, Hinrichtungen, politische Feste, Museen. Er beobachtet den triumphalen Einzug der in Italien geraubten Kunstwerke nach Paris. Vor allem interessiert ihn das Theater, über das er für Goethe schreibt, der einen seiner Berichte aus Paris in den *Propyläen* 1800 publiziert: „Über die gegenwärtige französische tragische Bühne". Die anthropologische Perspektive wird aus diesem Bericht deutlich: „An eine vollständige Zergliederung der Schauspielkunst einer Nation müsste sich also eine gleich ausführliche ihrer Dichtkunst und ihres Charakters überhaupt anschliessen" (II: 400). Er liest Zeitung und ganz systematisch auch das, was er von der französischen Literatur und Philosophie noch nicht kannte, zum Beispiel Diderot, Condillac, de Staël.

Vor allem aber sucht er das Gespräch mit allen wichtigen Akteuren in Politik und Kultur. Das Gespräch mit interessanten Menschen war schon für den jungen Humboldt das Motiv seiner ersten Reisen, es ist nun das hauptsächliche Arbeitsinstrument seiner Pariser Anthropologie. In Paris trifft er den Abbé Sieyès, den Theoretiker der Revolution und einflussreichsten Politiker der Zeit, die wichtigsten Philosophen, die sogenannten *Idéologues*, den Maler David, den Schauspieler Talma, er begegnet Napoleon im *Institut* und beim Spaziergang. Vor allem freundet er sich an mit Madame de Staël (1766-1817). Die französische Schriftstellerin hat, das ist durch die deutsch-französischen Feindseligkeiten der vergangenen beiden Jahrhunderte in der Humboldt-Literatur völlig untergegangen,[14] eine ähnliche Bedeutung für Humboldts Leben wie Schiller. Sie ist sozusagen das weibliche und französische Pendant zu Schiller, dem deutschen und männlichen Freund, den er in Jena zurückgelassen hatte und den er erst 1801 wiedersehen wird. Die besondere Nähe zu de Staël erklärt sich nicht nur durch die Sympathie für sie als Frau, sondern auch durch die gemeinsamen anthropologischen Themen. Und mit de Staël trifft Humboldt wieder eine Meisterin der *conversation*. Er hatte ja über Schiller geschrieben, dass das Gespräch sein eigentliches Element gewesen sei. Das ist

Abb. 7: Anne Louise Germaine Necker Baronne de Staël Holstein
Nicolas Laugier nach François Gérard 1818

ganz offensichtlich auch bei Germaine de Staël der Fall, ihr schreibt er am 1. Juni 1805: „Il n‘y a rien qui m‘électrise comme la conversation“, „nichts elektrisiert mich so wie das Gespräch“. Die Humboldts werden sich nach den Spanienreisen, 1801, bevor sie wieder nach Deutschland zurückkehren, fast täglich mit de Staël treffen und sich mit ihr in einer tiefen Freundschaft verbinden.

Humboldt schreibt (und publiziert!) für Madame de Staël eine französische Version der ästhetischen Theorie, mit der sein 1799 veröffentlichtes Buch über Goethe beginnt.[15] Er möchte nämlich unbedingt, dass sie und die französischen Philosophen seine kantisch grundierte Theorie der Einbildungskraft und Ästhetik verstehen. Die maßgeblichen französischen Philosophen, die *Idéologues*, sind nicht über die spätaufklärerische condillacische Philosophie hinausgekommen. Humboldt agiert als Botschafter Kants in Frankreich. Die *Horen*-Aufsätze fortführend fasst Humboldt Kunst als eine erotische Verbindung zweier Einbildungskräfte. Der erste Satz des Artikels ist in der französischen Version – im Verb *féconder* „befruchten" – deutlich sexueller getönt als im Deutschen: „Le domaine du poète est l'imagination; il n'est poète qu'en fécondant la sienne; il ne se montre tel qu'en échauffant la nôtre" (III: 1). „Das Feld des Dichters ist die Einbildungskraft; er ist Dichter nur, indem er die seinige befruchtet; er zeigt sich als solcher nur, indem er die unsrige erregt". Auf Deutsch heißt die Stelle nur „Die Einbildungskraft durch die Einbildungskraft zu entzünden, ist das Geheimniss des Künstlers" (II: 127). Sofern das Schöne auf der Begegnung zweier Einbildungskräfte beruht, entdeckt diese Theorie die Intersubjektivität ästhetischer Erfahrung, die erst ab Baudelaire für die moderne Ästhetik charakteristisch ist.[16] Und sie verweist in ihrem „dialogischen" Charakter auch auf die Sprachlichkeit von Kunst als einem „unabänderlichen Dualismus".

1805 werden die Humboldts und Madame de Staël noch einmal in Rom für ein paar Wochen täglichen Umgang haben. Die beiden Autoren sind durch ihre vergleichbaren anthropologischen Forschungen innig aufeinander bezogen. De Staël erkundet, wie Humboldt, die Geschlechterdifferenz und die nationalen Charaktere. Ihr Buch über die Passionen hält Humboldt für eines der besten Bücher über die Liebe. Ihr Roman *Delphine* erkundet Weiblichkeit und Männlichkeit. Der Roman *Corinne* ist – neben der nicht wirklich interessanten Liebesgeschichte – eine großartige und umfassende Beschreibung der italienischen Kultur, also von „Nation und Zeit". Und schließlich wird de Staël die „Anthropologie" Deutschlands schreiben: *De l'Allemagne* (1813). Die Deutschen mögen zwar dieses – durchaus schmeichelhafte – Porträt ihrer Nation nicht sonderlich, es ist aber nach der *Germania* des Tacitus (verfasst 98 n. Chr.) sicher das wichtigste und einflussreichste Buch über diese Nation. Wir verdanken ihm, dass die deutsche Kultur überhaupt auf der Bühne der Weltkultur auftritt. Vor de Staël wusste Europa so gut wie nichts über die Deutschen, beziehungsweise man dachte, es sei ungefähr noch so wie in der *Germania* des Tacitus, also eine wilde Barbarei, zu der noch das protestantische Ketzertum hinzugekommen ist. Madame de Staël präsentiert der Welt dagegen eine interessante literarische und philosophische Kultur mit Weimar als Hauptstadt und Goethe als König. Im übrigen ist das Erscheinen dieses Buches 1813 in London eine empfindliche Niederlage Napoleons (der das Buch 1810 hatte einstampfen lassen) wie die Völkerschlacht bei Leipzig im selben Jahr, an deren Zustandekommen Humboldt erheblichen Anteil hatte.

Während de Staël mit ihren Büchern große europäische Erfolge feiert, wird Humboldt seine Pariser Beobachtungen nie zu einem Buch, zu einer Charakteristik der französischen Nation, synthetisieren. Seine reichen und subtilen Pariser Notizen bleiben „Materialien“ (von denen eine Hälfte dann – bittere Ironie der Geschichte – von französischen Soldaten während der Besatzung Berlins 1806 zerstört wird). Über die zweite Nation, die Humboldt in einer Feldforschung erkundet, die Basken, schreibt er dann aber sein schönstes Buch.

2.6. Baskenland: das Andere

Die dritte Phase seines anthropologischen Projekts erreicht Humboldt, wenn er – zunächst in Paris – mit der baskischen Sprache in Berührung kommt. Das anthropologische Interesse wandert ins Herz des Menschen, das heißt in die Sprache. Die Sprachen der Menschheit werden, geweckt von der Begegnung mit dem Baskischen, zum Hauptgegenstand der Humboldtschen Anthropologie. Warum Baskisch?

Wie erwähnt hatte Humboldt 1795/96 einen kleinen Text über Denken und Sprechen geschrieben, in dem er offensichtlich auf Fichtes Abhandlung über den Ursprung der Sprache reagiert. Fichte versteht Sprache ganz konventionell und pragmatisch, als Mittel der Mitteilung. Humboldt kontert mit Herder (1772): Sprache ist primär Denken, sie schafft „Portionen des Denkens" (VII: 581). Da wir gemeinsam denken, ist sie, wie er mit einem genialen Ausdruck schreibt, „Mitdenken" (VII: 583). Damit war in den Thüringer Entwürfen das Sprachthema schon angedacht. Die Sprache rückt in Paris, in einer fremdsprachigen Umgebung, ohnehin in den Fokus seiner Aufmerksamkeit. Humboldt beobachtet aufmerksam die französische Sprache, die er gut beherrscht. Und Sprache ist sein Arbeitsinstrument, sofern die *conversation* seine bevorzugte Forschungstechnik ist. Nun begegnet er in Paris – man weiß nicht genau, aus welchem Grund – dem Baskischen. Diese Sprache vom Rande Europas ist etwas ganz Besonderes. Sie ist mit keiner anderen Sprache verwandt, d.h. sie ist eine sogenannte isolierte Sprache, und sie unterscheidet sich radikal von den Humboldt bekannten Sprachen, also den üblichen indoeuropäischen Sprachen: Die Wörter des Baskischen haben nichts mit den anderen Sprachen gemein, die Morphologie ist unglaublich kompliziert, syntaktisch ist es eine „Ergativsprache". Offensichtlich ist es diese „merkwürdige" Sprachstruktur, die Humboldt ins „Grübeln" bringt.[17] Humboldt fragt sich, wie die Menschen denken, die eine solche Sprache sprechen. Er reist zunächst mit der Familie über das Baskenland durch Spanien, dann 1801 noch einmal allein nur ins Baskenland, ausdrücklich der Sprache wegen. Seine Beobachtungen protokolliert er in einem Tagebuch, und er schreibt bei der Rückkehr nach Berlin und dann in Rom eine umfassende Darstellung der baskischen Kultur. Es ist der erste Teil einer Monographie, die noch zwei linguistische Teile haben sollte, nämlich die eigentliche Sprachbeschreibung und etwas Historisches über die baskische Sprache.

Humboldt vollendet den ersten Teil, die Ethnographie des baskischen Volkes, in seinem Buch *Die Vasken*.[18] Humboldt beginnt – so wie er es im Plan der vergleichenden Anthropologie vorgedacht hatte – seine anthropologischen Skizzen mit der physischen Charakterisierung der Frauen und ihrer gesellschaftlichen Position. Er schildert ausführlich die Landschaften zwischen Biarritz bis San Sebastian und anderer Gegenden, dem Verlauf seiner Reise folgend. Er stellt die politischen und gesellschaftlichen Verhältnisse in den drei baskischen Provinzen dar: die Selbstverwaltung, die große Autonomie der Basken im Verhältnis zum spanischen König, das Steueraufkommen, die geringen Klassenunterschiede, Bevölkerungszahlen.

Die wirtschaftlichen Verhältnisse – Landbesitz, Ackerbau, Seefahrt, Emigration nach Amerika und Rückkehr, Walfang, Bergbau (ein Gruß an Alexander!) – kommen zur Sprache. Die Lebensverhältnisse, also die Häuser, Höfe und Kleidung, werden ebenso beschrieben wie Feste, Tänze, Stierkämpfe. In der Provinz Álava geht er ausführlich auf die Geschichte ein. Im Zusammenhang mit der „Local-Eifersucht" (XIII: 71), also dem Patriotismus der Basken, kommt er auf den Sprachstolz der Basken zu sprechen. Sie halten treu an ihrer alten Sprache fest, nicht nur als Nähesprache, in der Familie, sondern auch als offizielle Sprache: Sie verhandeln ihre politischen Angelegenheiten auf Baskisch, auch wenn die Staatsmacht kastilisch redet. Der Vertreter des Königs, der Corregidor, kann nämlich zumeist kein Baskisch. Die Basken sind „ein Volk von freiem Sinn und ausgearbeiteten Körpern" (XIII: 123) und werden in Spanien wegen ihrer Betriebsamkeit, ihres Fleißes, ihrer Geschicklichkeit und ihres wahren Nationalstolzes (XIII: 127f.) geschätzt. Humboldt wagt schließlich Aussagen über die – extrem positiven – Nationaleigenschaften der Basken: Sie kommen „in ächtem Freiheitssinn, edlem Nationalstolz, fester Anhänglichkeit an einander, ausgezeichneter Liebe zur Ordnung und Reinlichkeit, heitrem Frohsinn, und der körperlichen und intellectuellen Stärke und Gewandtheit überein, die sie als kühne, behende, immer an neuen Hülfsmitteln reiche Bergbewohner darstellt" (XIII: 181).

Humboldts Buch über die Basken endet mit einem Kapitel über die Zustände im französischen Teil des Baskenlandes und mit der Frage nach der Vergangenheit der heutigen Basken, die bei aller inneren Verschiedenheit eine gemeinsame Sprache sprechen und in denen Humboldt „die Ueberbleibsel einer grossen Nation zu erkennen" (XIII: 194) glaubt, deren Spuren sich noch in Ortsnamen in Spanien, Frankreich und Italien erhalten haben. Diesem sprachhistorischen Problem wird Humboldt sein drittes gedrucktes Buch, *Prüfung der Untersuchungen über die Urbewohner Hispaniens vermittelst der Vaskischen Sprache* (1821), widmen. Dieses entspricht wohl dem dritten Teil des von Humboldt geplanten großen Baskenwerks, der „Abhandlung über den Ursprung der Vaskischen Nation und Sprache", wie er in einem Brief an den Verleger Campe am 28. Juni 1802 schreibt.[19] Leider hat er Campe nicht das herrliche Manuskript seiner *Vasken* anvertraut, so dass dieses erst 1920 (!) in den *Gesammelten Schriften* im Druck erschienen ist. Ein eher schmerzhaftes Nachlassphänomen. Von der geplanten Sprach-Beschreibung wird eine 1811 geschriebene Skizze erst 1817 publiziert: Im vierten Band des *Mithridates*, der von Adelung begonnenen und von Vater fortgeführten Sprachenzyklopädie, erscheinen die „Berichtigungen und Zusätze ... über die Cantabrische oder Baskische Sprache". Sie sind 1817 auch als kleines Buch von immerhin 93 Seiten separat gedruckt worden, welches einen ausgezeichneten Einblick in den Wortschatz und die Grammatik des Baskischen gibt.[20]

Die Basken haben sich natürlich seit langem für Humboldts Baskenbuch interessiert und es übersetzt und gelesen. Es ist nicht verwunderlich, dass angesichts der reichen und begeisterten Schilderung ihrer Nation die Basken Wilhelm von Humboldt 1999 in Guernica ein Denkmal gesetzt haben – trotz der totalen Zerstörung dieser Stadt durch die deutsche Luftwaffe im Jahr 1937!

2.7. Rom: die Antike

Was durch die Reise ins Baskenland und die Arbeit am Baskenprojekt für Humboldt immer klarer wird, ist, dass „Anthropologie" nicht nur Ethnographie oder „Biographie" einer Nation ist, wie er sie für die Griechen und die Franzosen geplant und für die Basken geschrieben hat, sondern dass die Sprache das Zentrum des *Anthropos* ist. Sie ist das eigentliche *Humanum*, um das sich die menschliche Kultur gleichsam herumgruppiert: „Der Mensch ist nur Mensch durch Sprache" (IV: 15) formuliert er apodiktisch im Jahr 1820. Humboldt greift damit auf Aristoteles' Definition des Menschen, des *Anthropos*, als *zóon lógon échon*, als „Sprache habendes Lebewesen", zurück, die er aber ganz neu und anti-aristotelisch weiterentwickelt. Aus der Begegnung mit dem Baskischen geht sein Lebensprojekt hervor: An Schiller schreibt er am 18. Mai 1802: „mein Plan geht auf eine allgemeine Enzyklopädie des gesamten Sprachstudiums und mithin aller Sprachen" (Seidel 1962, 2: 221). In Rom wird er sich der zentralen Position der Sprache für die Wissenschaft vom Menschen theoretisch in aller Klarheit bewusst, womit er das vierte Stadium – nach den Thüringer Plänen, der Pariser Materialsammlung und der baskischen Ethnographie – in der Entwicklung seines anthropologischen Projekts erreicht.

Abb. 8: Die spanische Treppe, Rom

Humboldt greift seine Gedanken zum Studium des Altertums wieder auf. Er beginnt eine Monographie über die Griechen, die, Fragment geblieben, unter der Überschrift „Latium und Hellas" erst 1896 gedruckt wird. In „Latium und Hellas" inszeniert Humboldt seine Entdeckung der Sprache als Zentrum der Anthropologie einigermaßen effektvoll. Er skizziert zunächst – an den Altertums-Artikel von 1793 anschließend – wie die griechische Kultur dargestellt werden soll, wie das Griechische Griechenlands, die „Griechheit", wie er mit einem merkwürdigen Wort sagt, erkundet werden soll, und unterbricht sich dann selber und sagt, dass, bevor man dorthin vordringen könne, zuerst die Sprache beschrieben werden müsse. Denn diese habe unter allen kulturellen Manifestationen die wichtigste Stelle überhaupt. Sie ist der „Odem" der Nation. „Atem" ist für den Griechen Humboldt natürlich *pneuma*, auf Lateinisch *spiritus*, *Geist* auf Deutsch. Die Sprache als Atem der Nation kann, anders als die anderen kulturellen Institutionen, nicht von der Nation getrennt werden. Sie ist ihr Leben, ihre Seele:

> Die meisten das Leben einer Nation begleitenden Umstände, der Wohnort, das Klima, die Religion, die Staatsverfassung, die Sitten und Gebräuche, lassen sich gewissermaßen

> von ihr trennen [...]. Allein einer ist von durchaus verschiedener Natur, ist der Odem, die Seele der Nation selbst, erscheint überall in gleichem Schritte mit ihr [...] – die Sprache. (III: 166)

Das Griechische war schon seit langem Humboldts Atem. Nun wird Sprache überhaupt zu Humboldts Seele. Von einer bestimmten Sprache – dem Baskischen – fasziniert und gleichsam gefangen genommen, reift in Humboldt nicht nur das Projekt einer Beschreibung aller Sprachen der Welt, sondern gleichzeitig auch das Projekt einer Philosophie der Sprache, welche legitimieren muss, warum man sich mit den vielen Sprachen der Menschheit beschäftigen muss, was es heißt, dass die Sprache der Odem der Nation ist, oder noch allgemeiner: inwiefern die Sprache das geistige Zentrum des Menschen ist.

Bruder Alexander besucht Wilhelm in Rom im Sommer 1805 und bringt ihm aus Amerika zwölf Grammatiken und Wörterbücher amerikanischer Sprachen mit. Wilhelm soll den linguistischen Teil des großen Reisewerks Alexanders schreiben, des *Voyage aux régions équinoxiales du Nouveau Continent*. Wilhelm hat aber in Rom offensichtlich noch keine Zeit dafür. Er sammelt dort jedoch weitere Informationen über die amerikanischen Sprachen, indem er sich die von dem Jesuiten Lorenzo Hervás in Rom gesammelten Sprachmaterialien kopieren lässt. Alexander nimmt seine amerikanischen Bücher wieder mit nach Paris zurück, leiht sie erst einmal dem schon erwähnten Johann Severin Vater und dann vor allem Friedrich Schlegel aus und bringt sie dem Bruder sechs Jahre später, 1811, beim nächsten Besuch wieder mit, diesmal nach Wien, wo dieser inzwischen Gesandter Preußens geworden ist. Der Herr Botschafter hat dort anfangs nicht so viel Staatsmännisches zu tun und macht sich an die Arbeit. Er arbeitet die amerikanischen Materialien durch und schreibt auf Französisch die erste Skizze seiner neuen Sprachwissenschaft, den „Essai sur les langues du Nouveau Continent", den er aber wieder nicht fertigstellt. Das heißt, das von Alexander gewünschte Kapitel über die amerikanischen Sprachen wird es niemals geben (und Alexander schreibt dann selbst etwas zu den Sprachen im Reisewerk). Das ungedruckte französische Fragment sagt im übrigen wenig über die Sprachen der Neuen Welt, es enthält aber schon zentrale Gedanken der Sprachphilosophie. Wilhelm verfasst 1811 auch den schon erwähnten Artikel über das Baskische (der erst 1817 erscheint) und lässt 1812 die „Ankündigung einer Schrift über die vaskische Sprache und Nation“ drucken. Aber 1813 ist es aus mit der Ruhe. Humboldts diplomatischer Kampf gegen Napoleon nimmt ihn voll in Anspruch und erlaubt ihm, als dem neben Hardenberg zweiten Mann der preußischen Außenpolitik, keine kontinuierliche gelehrte Arbeit mehr (obwohl Humboldt auch mitten im Krieg noch am *Agamemnon* weiter arbeitet). Zuerst muss Napoleon besiegt werden. Europa muss neu geordnet werden nach den napoleonischen Verwerfungen, Deutschland muss neu gestaltet werden, und Preußen muss die versprochene Beteiligung des Volks, das den Eroberer besiegt und vertrieben hat, in einer Verfassung festschreiben. Diese Aufgaben nehmen Humboldt bis Ende 1819 mit Beschlag. Die anthropologische Linguistik muss warten, bis 1820. Bis dahin bleiben die beiden baskischen Aufsätze die einzigen linguistischen Publikationen.

3. Missionen: Der Staatsmann

Der preußische Gesandte am Heiligen Stuhl hatte im Wesentlichen konsularische Aufgaben zu erledigen. Humboldt war sehr glücklich, als er 1802 in Rom ankam. Es war, nach Paris und der Erkundung der Moderne, die Ankunft an einem Sehnsuchtsort, in der ersehnten Antike, sozusagen eine Ankunft in der Heimat. Dort schlug allerdings das Schicksal hart zu. Die Humboldts verloren 1803 ihren ältesten Sohn Wilhelm, wahrscheinlich durch die Malaria. Das war nach dem Verlust des Vaters der zweite das Dasein verdunkelnde Schicksalsschlag. Die Trauer über den Verlust dieses Kindes schwebt von da an über dem Leben des Humboldt-Paares, sie kommen in ihren Briefen immer wieder auf den Tod des Kindes zu sprechen. Caroline wird 1804 in Paris auch noch eine Tochter kurz nach der Geburt verlieren, und 1807 wird ein zweiter Sohn in Rom sterben. Im *Cimitero acattolico* an der Cestius-Pyramide erinnern bis heute zwei Stelen an die beiden toten Knaben. Dennoch bleibt Rom die Heimat-Stadt der Humboldts.

3.1. Bildung in Preußen

Ungern verlässt Wilhelm daher 1808 die Stadt, als das Vaterland in Not geraten ist. Noch in Rom beginnt er die (unvollendete) „Geschichte des Verfalls und Unterganges der griechischen Freistaaten", mit der er, wie er schreibt, auch „dem armen, zerrütteten Deutschland ein Monument setzen möchte" (an Schweighäuser am 4. November 1807).[21] Aber er wird zu Hause gebraucht. Nach der verheerenden Niederlage gegen Napoleon versucht Preußen, sich durch eine Gesamtreform des Staates wieder aufzurichten und zu modernisieren. Wilhelm von Humboldt wird mit der Aufgabe betraut, das Erziehungswesen zu reformieren.

In der Tat gelingt es ihm in kürzester Zeit, ein kohärentes Erziehungssystem zu schaffen. Das leitende Prinzip seiner Reform des Erziehungswesens war dabei nicht so sehr die Befähigung zur Berufsausübung (obwohl er diese durchaus immer im Blick hatte), sondern die „Bildung". Es ist aber eher unwahrscheinlich, dass es dieses ja schon vom jungen Humboldt als Zweck des Menschen deklarierte Konzept war, das ihn für den Posten des Sektionschefs für Cultus und Unterricht qualifizierte. Einige bedeutende Auszüge seines insgesamt erst 1851 postum gedruckten politischen Hauptwerks über die „Grenzen der Wirksamkeit des Staates" waren zwar 1792 in der *Berlinischen Monatsschrift* und in Schillers *Neuer Thalia* publiziert worden, auch das Stück, in dem er „die höchste und proportionirlichste Bildung seiner Kräfte zu einem Ganzen" zum wahren Zweck der Menschen erklärt hatte (*Neue Thalia* 2: 131). Aber das lag 1808 schon eine ganze Weile zurück, und die „Bildung", die Humboldt dort zum Zweck der Menschen erklärt, ist eine sehr individualistische: „Jeder Einzelne" solle sich „in seiner Eigenthümlichkeit" entwickeln und die „ungebundenste Freiheit" genießen (I: 111). Die freie Bildung geschieht gewiss „in Verbindung mit anderen", also offensichtlich im liebenden Miteinander, aber nicht unbedingt in Verbindung mit dem Staat. Die „Wirksamkeit des Staats" wird zugunsten des Einzelnen gerade deutlich eingeschränkt. Der Staat hat im wesentlichen nur die Aufgabe, die innere und äußere Sicherheit seiner Bürger zu garantieren. Vor allem hat er sich nicht erzieherisch und religiös zu betätigen. Jeder Einfluss auf das Denken und Fühlen seiner Bürger hat zu unterbleiben. Das Stück, das 1792 unter dem Titel „Ueber oeffentliche Staatserziehung“ in der *Monatsschrift* erschienen war, schließt daher: „Oeffentliche Erziehung scheint mir daher ganz ausserhalb der Schranken zu liegen, in welchen der Staat seine Wirksamkeit halten muss“ (I: 146).[22] Da die Erziehung in diesem Werk als ein dem Staat zu entziehendes Feld betrachtet wird, führen Humboldts frühe politische Ausführungen nicht gerade auf das Gebiet staatlicher Bildungspolitik. Auch seine beiden *Horen*-Aufsätze über die sexuelle Grundlagen des körperlichen und geistigen Lebens haben ihn wohl kaum zur Berufung auf den Posten prädestiniert, ebenso wenig wie das Buch über Goethes *Hermann und Dorothea* von 1799. Kurzum, andere Credentials als seine gute Arbeit als Gesandter beim Papst hatte Humboldt nicht, als er 1809 seine Aufgabe übernahm.

Aber es war eine geniale Wahl des Freiherrn vom Stein (oder wer immer dafür zuständig war, hier herrscht in der Literatur einige Unklarheit), Humboldt zum Chef der Sektion für Cultus und Unterricht im Innenministerium zu berufen. Zwei Eigenschaften waren nämlich die Bedingung für Humboldts Erfolg: Er war ein Mann des Gesprächs und des Zupackens, und er konnten glänzend schriftlich formulieren. Er hat mit allen kommuniziert, die an der Neuorganisation des Erziehungswesens beteiligt waren, mit Schuldirektoren, mit dem Minister, mit Professoren usw. und vor allem mit seinen Mitarbeitern, mit denen er ganz offensichtlich ein ausgezeichnetes Team bildete. Und er hat sich um alles gekümmert, bis hin zu materiellen Details, etwa um die Beschaffung von Bänken und Tischen für das Universitätsgebäude (XIII: 250). Und seine Memoranden und Schriftsätze waren einfach vollkommen. So ist zum Beispiel das berühmte Gesuch an den König zur Einrichtung der Universität Berlin elegant und überzeugend in der kurzen Begründung: (1) Preußen ist in Deutschland das Land der Aufklärung, (2) Universitäten verstärken den Einfluss Preußens in Deutschland, und (3) eine deutsche Universität in Preußen ist ein Akt kultureller Selbstbehauptung gegen Frankreich, also:

> (1) Weit entfernt, dass das Vertrauen, welches ganz Deutschland ehemals zu dem Einflusse Preussens auf wahre Aufklärung und höhere Geistesbildung hegte, durch die

> letzten unglücklichen Ereigniße gesunken sey, so ist es vielmehr gestiegen.
>
> (2) Nur solche höhere Institute können ihren Einfluss auch über die Gränzen des Staates hinaus erstrecken.
>
> (3) Ew. Königl. Majestät [...] würden [...] in einem Zeitpunkte, wo ein Theil Deutschlands vom Kriege verheert, ein anderer in fremder Sprache von fremden Gebietern beherrscht wird, der deutschen Wissenschaft eine vielleicht kaum jetzt noch gehofte Freistatt eröfnen. (X: 149)

Es ist diskutiert worden, ob die Tätigkeit für die Einrichtung eines staatlichen Erziehungswesens nicht seiner Auffassung von der Staatsferne der Erziehung widerspricht. Das ist in gewisser Hinsicht sicher der Fall. Aber zwischen der theoretischen Abhandlung eines Fünfundzwanzigjährigen und dem praktischen politischen Handelns eines reifen Mannes von Anfang vierzig besteht nun einmal ein Unterschied, der sich den administrativen und diplomatischen Erfahrungen und der Abschätzung der präzisen politischen Situation verdankt. Andererseits ist die Staatsferne insofern nach wie vor ein wichtiges Charakteristikum von Humboldts Reformvorschlägen, als eigentlich nicht der Staat, sondern die „Nation" das handelnde Subjekt in Erziehungsfragen ist. Die „Nation", also die Gemeinschaft der Bürger, trägt die Erziehung.[23] Das wird zum Beispiel deutlich, wenn Humboldt die Universität vom Staat unabhängig agieren lassen will, indem er sie finanziell auf eine Dotation gründet, die ihr ein autonomes Handeln ermöglicht. Die „Nation" soll dann die Universität in finanzieller Hinsicht tragen. Denn:

> Die Nation endlich nimmt mehr Antheil an dem Schulwesen, wenn es auch in pecuniairer Hinsicht ihr Werk und Eigenthum ist, und wird selbst aufgeklärter und gesitteter, wenn sie zur Begründung der Aufklärung und Sittlichkeit in der heranwachsenden Generation thätig mitwirkt. (X: 152)

In der Vorstellung der aufgeklärten handelnden „Nation" als politisches Subjekt steckt gewiss ein Stück Erbe der französischen Revolution. Die preußischen Reformen sind zwar eine Revolution

„von oben“, aber sie sind insgesamt intendiert als von der „Nation“ getragene Transformationen des Staates. Der Staat ist zusammengebrochen, die „Nation“ richtet Preußen wieder auf.

Humboldt ordnet das ganze Erziehungssystem neu: Elementarschule, Bürgerschule, gelehrte Schule, mit dem Abitur als Abschlussprüfung, Prüfungen für Lehrer; die Gründung der Universität Berlin ist das Herz- und Glanzstück; die Akademie der Wissenschaften bekommt eine neue Funktion; die Akademie der Künste, Bauakademie, Singakademie, Bibliothek, Sternwarte komplettieren die Bildungseinrichtungen. Humboldt identifiziert 1810 sogar Räume in der Universität für eine öffentliche Bildergalerie, die der Königs einrichten will. Die klaren Prinzipien, nach denen er die Neuordnung des gesamten Bildungswesens vornimmt, und das Zupackende seiner Aktionen gehen eindrucksvoll aus seinen Stellungnahmen und Tätigkeitsberichten hervor.

Zur Schule stellt er klipp und klar fest: „Es giebt, philosophisch genommen, nur drei Stadien des Unterrichts: Elementarunterricht, Schulunterricht, Universitätsunterricht“ (XIII: 260).[24] Und, um das wichtigste Prinzip seiner Neuordnung der Schulen zu zitieren, so lehnt er die alte Differenzierung der Schulen nach gesellschaftlichen Klassen ab. Die Schulen sind für die „ganze Nation“ da, und ihr Zweck ist die „allgemeine Menschenbildung“ (XIII: 276). Oder: „Der allgemeine Schulunterricht geht auf den Menschen überhaupt“ (XIII: 277) in der Gesamtheit der körperlichen, künstlerischen und geistigen (mathematischen, sprachlichen und historischen) „Hauptfunctionen seines Wesens“ (ebd.). Der Unterricht hat „Ein und dasselbe Fundament“ für alle (XIII: 278), es geht um die „allgemeine Bildung des Gemüths“ (ebd.). Dieses klassenübergreifende Konzept einer Bildung des Menschen jenseits von „Kasten“ und „Gewerben“ (XIII: 277) drückt er am schönsten in dem folgenden berühmten Satz aus:

> Auch Griechisch gelernt zu haben könnte auf diese Weise dem Tischler ebenso wenig unnütz seyn, als Tische zu machen dem Gelehrten. (XIII: 278).

Humboldt arbeitet insgesamt nur sechzehn Monate lang an diesem Reformprojekt. Dass dies eine äußerst erfolgreiche Tätigkeit war, ist in allen Darstellungen nachzulesen. Ich werde im Folgenden auf das bekannteste Teilstücke der Reform, die Universität, eingehen, die bleibend mit dem Namen Humboldt verbunden ist und – wie ich glaube – eine der Zukunfts-Ideen Humboldts geblieben ist (wie Sprache und Museum).

Abb. 9: Humboldt-Universität Berlin

3.1.1. Universität

Als Großtat des „Staatsmanns" wird schon früh in der Erinnerung an Humboldt die Gründung der Universität betrachtet, so etwa von Dove in der Allgemeinen Deutschen Biographie aus dem Jahr 1881: „Alles Andere tritt jedoch weit in Schatten gegen die Gründung der Berliner Hochschule; daß und wie sie zustande kam, ist unstreitig Humboldt's Werk" (Dove 1881: 350). Der englische Journalist Peter Watson (2010: 225) hat sie kürzlich als „Humboldt's gift", das heißt als sein Geschenk an die Menschheit gefeiert. Die Berliner Universität ist ja auch tatsächlich eine große Erfolgsgeschichte. Aber diese Universität war eigentlich keine ausdrücklich nach Humboldt'schen Prinzipien gestaltete „höhere wissenschaftliche Anstalt", wie man glauben möchte. Weder 1810 noch 1881 (als Dove schrieb) waren nämlich die Texte bekannt, welche die Universität tatsächlich zu einer Humboldtschen gemacht hätten. Humboldts Antrag zur Gründung der Universität in Berlin ist zwar 1846 zum ersten Mal gedruckt worden, aber der Text, der die berühmte Funktionsbeschreibung der Universität enthält, erblickt erst 1896 das Licht der gedruckten Welt: „Über die innere und äußere Organisation der höheren wissenschaftlichen Anstalten in Berlin", nämlich bei Gebhardt (1896, I: 118ff.).[25] Die „Humboldt'sche Universität" im Sinne dieser programmatischen Schrift ist ein Mythos, der nach Tenorth (2018) erst in der Mitte des letzten Jahrhunderts in Westdeutschland aufkommt. Den „Mythos Humboldt", hervorgegangen aus der Ost-West-Konfrontation, bringt eine konservative Gegnerschaft gegen sozialistische und sonstige moderne Reformen der Universität in Stellung.

Aber auch wenn die von Humboldt gegründete Universität niemals den Grundsätzen Humboldts entsprach, wenn sie also nicht wirklich auf eine Humboldt'sche Vergangenheit zurückblicken kann und wenn der „Mythos Humboldt" durchaus politisch situiert und konnotiert ist, so sind doch in Humboldts (unvollendeter) Skizze über die innere und äußere Organisation der höheren wissenschaftlichen Anstalten die Prinzipien einer Idealen Universität formuliert, ohne welche diese „Anstalten" eben keine Universitäten sind, sondern Fachhochschulen, Grandes Écoles, Spezialschulen – eben „Schulen". Das ist natürlich nichts Schlechtes, aber es ist etwas Anderes als Universität. Was „Universität" ist, das hat Humboldt dort einfach klassisch beschrieben: „Ihr Wesen besteht daher darin, innerlich die objective Wissenschaft mit der subjectiven Bildung [...] zu verknüpfen" (X: 250). Wie diese Verbindung von Bildung und Wissenschaft zu erreichen sei, sagt die folgende zentrale Passage:

> Da diese Anstalten ihren Zweck indess nur erreichen können, wenn jede, soviel als immer möglich, der reinen Idee der Wissenschaft gegenübersteht, so sind Einsamkeit und Freiheit die in ihrem Kreise vorwaltenden Principien. Da aber auch das geistige Wirken in der Menschheit nur als Zusammenwirken gedeiht, [...] so muss die innere Organisation dieser Anstalten ein ununterbrochenes, sich immer selbst wieder belebendes, aber ungezwungenes und absichtsloses Zusammenwirken hervorbringen und unterhalten. (X: 251)

Universitäre Wissenschaft also ist eine zweidimensionale Aktivität, deren eine Seite das Prinzip von „Einsamkeit und Freiheit" ist und deren zweiter Pol ein „ungezwungenes und absichtsloses Zusammenwirken" sein muss. Meist ist nur vom ersten die Rede, von Einsamkeit und Freiheit (des Forschers). Aber das zweite, das Zusammenwirken, ist ebenso essentiell für die Wissenschaft.

Dieses Doppelte bedeutet, dass Wissenschaft eine der Sprache strukturell entsprechende Aktivität ist, die Humboldt an einer berühmten Stelle seines viel späteren philosophischen Hauptwerks die „Arbeit des Geistes" (VII: 46) nennt. Die Sprache hat nämlich als erste Aufgabe die Bildung des Gedanken, also die kognitive Erschließung der Welt. Der Mensch schafft sein Denken mittels der Sprache oder, anders gesagt: er denkt die Welt durch Sprache. Das tut „der Einzelne in abgeschlossener Einsamkeit" (VII: 55). Zweitens aber – und untrennbar mit diesem einsamen Denken der Welt verbunden – braucht der denkend-sprechende Mensch immer den anderen Menschen, der ihm zuhören muss, der sein Wort verstehen muss, der ihm antworten muss: „der Mensch sehnt sich [...] auch zum Behuf seines blossen Denkens nach einem dem Ich entsprechenden Du" (VI: 26). Nicht bloß zur Mitteilung eines schon Gedachten, sondern zum Denken selbst, zur Produktion von Gedanken und Erkenntnissen bedarf der Mensch des Anderen. Humboldt nennt dies später den „unabänderlichen Dualismus" der Sprache (ebd.).

Diesen – 1810 noch gar nicht ausformulierten – Grundgedanken seiner Philosophie der Sprache als Arbeit des Geistes im Dreieck von Ich, Welt und Du, das „Mitdenken" von 1795, legt Humboldt seiner Bestimmung der Aufgabe der Universität zugrunde: Wissenschaft ist also – darauf bezieht sich „Einsamkeit und Freiheit" – Denken der Welt, das Fassen neuer Gedanken über die Welt. Und der gefasste Gedanke braucht das „Zusammenwirken", in den Worten des Hauptwerks: „der Mensch versteht sich selbst nur, indem er die Verstehbarkeit seiner Worte an Andren versuchend geprüft hat" (VII: 55). Daher würde der Wissenschaftler, wenn sich die Studenten „nicht von selbst um ihn versammelten, sie aufsuchen, um seinem Ziele näher zu kommen" (X: 252). Denn der Gedanke ist wahrhaft „objektiv" erst, wenn er „aus fremdem Munde wiedertönt" (VII: 56). Somit ist es eben das Charakteristikum der Universitäten, „dass sie die Wissenschaft immer als ein noch nicht ganz aufgelöstes Problem behandeln und daher immer im Forschen bleiben, da die Schule es nur mit fertigen und abgemachten Kenntnissen zu thun hat" (X: 251). Wissenschaft ist das nicht endende Gespräch der an der Forschung Beteiligten, wobei die Studenten ausdrücklich als notwendige Mit-Forscher und damit Mit-Erzeuger von Wissenschaft zu betrachten sind:

> Das Verhältniss zwischen Lehrer und Schüler wird daher durchaus ein anderes als vorher. Der erstere ist nicht für die letzteren, beide sind für die Wissenschaft da. (X: 252)

Noch deutlicher hat es Humboldt an anderer Stelle gesagt:

> Darum ist auch der Universitätslehrer nicht mehr Lehrer, der Studirende nicht mehr Lernender, sondern dieser forscht selbst, und der Professor leitet seine Forschung und unterstützt ihn darin. (XIII: 261)

Die Universität als Ort der Forschung ist die Werkstatt der Wissenschaft. Humboldt hat als institutionelles Vorbild für die Universität offensichtlich die Werkstatt oder das Atelier vor Augen, in dem der Meister mit seinen Gesellen ein Werk schafft. Deswegen schätzt Humboldt die Universität auch als den Ort eigentlichen wissenschaftlichen Fortschritts und der „Entdeckungen":

> Die Wissenschaften sind gewiss ebenso sehr und in Deutschland mehr durch die Universitätslehrer, als durch die Akademiker erweitert worden, und diese Männer sind gerade durch ihr Lehramt zu diesen Fortschritten in ihren Fächern gekommen. [...] Der Gang der Wissenschaft ist offenbar auf einer Universität, wo sie immerfort in einer grossen Menge und zwar kräftiger, rüstiger und jugendlicher Köpfe herumgewälzt wird, rascher und lebendiger. Ueberhaupt lässt sich die Wissenschaft als Wissenschaft nicht wahrhaft vortragen, ohne sie jedesmal wieder selbstthätig aufzufassen, und es wäre unbegreiflich, wenn man nicht hier, sogar oft, auf Entdeckungen stossen sollte. (X: 257)

In diesem handwerklichen Setting liegt die Besonderheit der Universität im Unterschied zu anderen wissenschaftlichen Institutionen, etwa zur Akademie, deren Funktion Humboldt anders bestimmt: Die Akademie ist nicht die Produktionsstätte von Wissenschaft, sondern der Markplatz, das Forum der Wissenschaft, auf dem sich Wissenschaftler verschiedener Disziplinen dem Tribunal anderer Wissenschaftler aussetzen: „Die Akademie dagegen ist eine Gesellschaft, wahrhaft dazu bestimmt, die Arbeit eines Jeden der Beurtheilung Aller zu unterwerfen" (GS X: 258). Als Werkstatt des Wissens grenzt sich die Universität auch von der Schule scharf ab: „Die Schule hat es nur mit fertigen und abgemachten Kenntnissen zu thun" (X: 251), an deren Produktion die Schüler nicht beteiligt sind. Die Schule ist Schule.

Die Humboldtsche Universitäts-Idee bedurfte 1810 keiner Anweisung des Sektionschefs für Cultus und Unterricht, sondern sie war offensichtlich die gemeinsame Vorstellung einer ganzen Generation. Humboldt hatte in Göttingen schon eine moderne, forschende Universität erlebt. Vor allem, dass die Professoren Forscher mit eigenen Beiträgen zur Wissenschaft sein sollten und nicht nur die Übermittler von „fertigen und abgemachten Kenntnissen", war eine zunehmend selbstverständliche Qualifikation, die Humboldt dann auch durch seine Berufungspraxis durchsetzte. Das heißt, auch wenn Humboldt seine Universitäts-Idee nicht öffentlich ausgesprochen hat, so handelt er doch ihr entsprechend, wenn er die besten Meister an seine Universität beruft, von denen er weiß, dass sie „im Forschen bleiben".

Die Wissenschaft als Dyade von forschendem Professor und mitforschendem Student – „Einsamkeit und Freiheit" und „Zusammenwirken" – ist das Modell und die begeisternde und immer noch zukunftsträchtige Leitvorstellung von Universität, die – mit einigen anderen Elementen, wie Staatsferne, ökonomische Unabhängigkeit – eben „Humboldt's gift" an die Menschheit gewesen ist. Am prächtigsten aufgegangen ist das Modell vielleicht an den großen amerikanischen research universities, die den Vorgang des „Forschens" emphatisch im Kern ihrer Aktivitäten bewahrt haben und als private Institutionen auch noch die von Humboldt gewünschte Staatsferne und wirtschaftliche Unabhängigkeit besitzen. Aber auch die staatsnahe Berliner Universität und die deutschen Universitäten generell waren nicht schlecht: Die wissenschaftliche Explosion an diesen Universitäten im 19. Jahrhundert verdankte sich herausragenden Wissenschaftlern und dem Enthusiasmus einer gemeinsam getragenen und gemeinsam entfalteten Wissenschaft, eben dem Zusammenwirken. Mit dem unglückseligen Ausgliedern großer Teile der (teuren) Forschung aus der Universität durch die Schaffung der Kaiser-Wilhelm-Gesellschaft gerade zum hundertsten Geburtstag der Universität 1910 wurde dieser Universitäts-Kern zwar geschwächt, es hat aber die Universität nicht wesentlich zerstört. Das gelang erst durch eine Entwicklung, die auf das Lernen und Übermitteln von „fertigen und abgemachten Kenntnissen“ ausgerichtet ist und die das gemeinsame Forschen unmöglich gemacht hat. Seine „Einsamkeit“ überwindet der Wissenschaftler jetzt eher durch den ständigen Besuch von Tagungen, auf denen er das „in Freiheit“ Erforschte zur Diskussion stellt, als durch das Zusammenwirken mit seinen Schülern. Diese Form von Wissenschaft ist eher akademie- als universitätsförmig.

3.1.2. Juden

Weitere Details von Humboldts effektiven Reformbemühungen als Chef der Sektion für Cultus und Unterricht im Jahre 1809/10 werden mich hier nicht beschäftigen. Ich verweise auf die entsprechende Literatur.[26] Besonderer Erwähnung bedarf in diesem Kontext aber noch Humboldts judenpolitische Aktivität. Dies ist auch deswegen nötig, als bestimmte Journalisten angesichts des Humboldt-Forums und anlässlich der Humboldt-Ausstellung des Historischen Museums 2019/20 insinuiert haben, Wilhelm von Humboldt sei antisemitisch (und sein Bruder rassistisch) eingestellt gewesen. Humboldts Leben ist von Jugend an so eng und freundschaftlich mit Berliner Juden und vor allem Jüdinnen verbunden gewesen, dass dies einfach lächerlich ist. Seine Frau Caroline war dagegen schon eine Judenhasserin.[27] Wilhelm teilt dieses Ressentiment seiner Frau aber nicht und weist es zurück, offensichtlich als Etwas, das er nicht ernst nehmen kann. Wilhelm ist allerdings auch nicht frei von ethnischen – oder sozialen? – Vorurteilen. Das ist natürlich nicht besonders edel. Wichtiger als diese Vorurteile scheinen mir aber seine politischen Aktivitäten im Zusammenhang mit der Frage der Rechte der Juden in Preußen.

Über deren Stellung wird in Preußen schon seit längerem diskutiert. Hierzu gab es einen „Entwurf zu einer neuen Konstitution für die Juden" des Ministers Schroetter aus dem Jahre 1787, den der Innenminister Dohna nun zur Begutachtung wieder vorlegte. Im Rahmen seiner Tätigkeit als Sektionschef für den Cultus – also für Religionsangelegenheiten – und Unterricht oblag es Humboldt von Amts wegen, Stellung zu nehmen zu den staatlichen Plänen, den Status der Juden in Preußen neu zu bestimmen. Diese Stellungnahme vom 17. Juli 1809 ist von keinerlei Hass oder negativem Vorurteil geprägt. Humboldt beschreibt die Situation der Juden in Preußen und plädiert für eine radikale Emanzipation: Es gibt keinen vernünftigen Grund, den Juden nicht die völlige bürgerliche Gleichstellung zu gewähren. Humboldt macht sich nach dem systematischen allgemeinen Teil seiner Stellungnahme die Mühe, das vorgeschlagene Edikt, das komplizierte Einschränkungen und zeitliche Vorbehalte formuliert, Paragraph für Paragraph zu widerlegen. Humboldt sagt klipp und klar, „dass nur eine plötzliche Gleichstellung aller Rechte gerecht, politisch und consequent ist" (X: 99). Der Vorwurf des Antisemitismus ist politisch motiviertes Geschwätz. Oder: „Eine Verteidigung vor den Wohlgesinnten des 21. Jahrhunderts hat Humboldt nicht nötig" (Rosenstrauch 2009: 245). Allerdings ist Preußen nicht Humboldt gefolgt, sondern hat 1812 ein Edikt erlassen, das die Rechte der Juden weiterhin einschränkte.

3.2. Europa, Deutschland, Preußen

Eine dritte Eigenschaft Humboldts – nach Gesprächsmeisterschaft und Schreibperfektion – hat eine weitere Karriere auf dem Gebiet der Kulturpolitik verhindert: Er war ehrpusselig und ungeduldig. Humboldt bekommt keinen Zugang zum Staatsrat, wie man es ihm zugesagt hatte (der Staatsrat wird gar nicht eingerichtet) und wie er es angesichts seiner großen Leistungen für das Vaterland auch verdient hätte, er wird nicht Minister, das heißt er bekommt keinen direkten Zugang zum König. Dies war in all den Jahren seiner politischen Karriere das Ziel, das er aber erst 1819 erreichte. Daher bat er 1810 um seinen Abschied aus dem Staatsdienst. Der König lehnt den Abschied ab und schickt Humboldt als Botschafter Preußens – im Rang eines Ministers (ohne Portefeuille) – nach Wien. Er hat dort zunächst nicht viel zu tun und daher auch, wie schon erwähnt, Zeit für die Wissenschaft, die er aber ab 1813 in der Zeit der Zuspitzung des Krieges mit Napoleon für den Dienst am Staat wieder hintanstellen muss. Humboldt muss nun tatsächlich „Staatsmann" werden. Er wirkt für eine europäische Koalition gegen Napoleon, die diesen dann ja auch 1813-15 besiegt. Eine zentrale Frage der europäischen Politik war die Neuordnung des aufgelösten Heiligen Römischen Reiches bzw. genauer „Deutschlands". Humboldt schreibt Ende 1813, also nach der Völkerschlacht bei Leipzig im Oktober, hierzu eine bedeutende Denkschrift. „Deutschland", das war für Humboldt auch ohne das Reich durchaus eine politische Entität, es war das Ensemble der Länder deutscher Sprache und Sitten, vor allem aber einer gemeinsamen Erinnerungskultur. Es beruht „auf der Erinnerung an gemeinsam genossene Rechte und Freiheiten, gemeinsam erkämpften Ruhm und bestandene Gefahren" (XI: 97). Dies erinnert stark an die berühmte Antwort Ernest Renans aus dem Jahr 1882, nach der traumatischen Niederlage Frankreichs, auf die Frage, was eine Nation sei: „Avoir des gloires communes dans le passé, une volonté commune dans le présent; avoir fait de grandes choses ensemble" (1882: 306), „Gemeinsame Ruhmestaten in der Vergangenheit, einen gemeinsamen Willen in der Gegenwart haben; große Dinge zusammen gemacht haben". Die Frage war nun, „wie soll man wieder aus Deutschland ein Ganzes schaffen?" (XI: 98). Das nach der Auflösung des alten Reiches und nach den Umwälzungen durch Napoleon neu zu ordnende „Deutschland" konnte und sollte kein Einheitsstaat nach französischem Modell werden. Denn: „Der Deutsche ist sich nur bewusst, dass er ein Deutscher ist, indem er sich als Bewohner eines besonderen Landes in dem gemeinsamen Vaterlande fühlt" (XI: 101). Daher muss es eine Föderation sein, welche die alten politischen Einheiten des Reiches – das Gegebene – bewahrt, aber dennoch zu einem größeren Ganzen synthetisch verbindet, das als solches nicht die Individualität der Teile zerstört: ein Staatenbund mit einer gemeinsamen militärischen Außensicherung, innerer Freizügigkeit, gemeinsamem Binnenhandel und allen Deutschen zugänglichen Universitäten. Diese Vorstellungen des Zusammenseins der deutschen Staaten in einer Föderation sind ganz deutlich von Humboldts beiden elementaren Grundmotiven geprägt, dem griechischen und dem erotischen. Vorbild für die deutsche Föderation ist Griechenland, also der Verein kulturell und sprachlich zusammengehöriger unabhängiger Staaten, und die Einheit ihrer Teile ist nach dem Modell der liebenden Vereinigung gedacht, bei der die sich Verbindenden als solche in ihrer Integrität erhalten bleiben. Es ist klar, dass hier Humboldts Verbindungsverfahren wieder ins Spiel kommen und seinen politischen Präferenzen zugrundeliegen: Die deutsche „Synthesis" steht dem Modell des französischen Einheitsstaat entgegen, der sich an Rom, nicht an Griechenland orientiert und der seine Einheit durch Unterwerfung und Vernichtung der Identität ihrer Teile, durch „Einverleibung", gewinnt. Aber letztlich ist nichts aus Humboldts gemäßigten Plänen geworden. Das „Deutschland" des Deutschen Bundes von 1815 blieb hinter Humboldts föderalen Vorstellungen zurück. Er war ja eher eine freie Allianz der Staaten, eine Zusammenstellung von unverbundenen Einzelteilen, also „Isolierung" der Teile. Das lag nicht zuletzt an der Unvereinbarkeit der Interessen Österreichs und Preußens, den beiden Schwergewichten in diesem Bund, die im 19. Jahrhundert zunehmend miteinander in Konflikt gerieten und bekanntermaßen eine Einigung in dieser Frage nicht zustande brachten, sondern das Problem mit einer Spaltung Deutschlands lösten.

Hardenberg und Humboldt können eine Allianz gegen Napoleon schmieden, der es 1813 auch gelingt, Frankreich zu besiegen und Napoleon 1814 zur Abdankung zu zwingen. Der Wiener Kongress 1814/15 ordnet Europa neu. Humboldt ist einer der Akteure des Wiener Kongresses, auf dem Staatsmänner wie Metternich, Hardenberg, Castlereagh miteinander und mit Talleyrand ringen. Er ist in diesen Verhandlungen aber nur der zweite Mann Preußens, hinter Hardenberg. Frankreich ist nicht mehr die Beherrscherin Europas, aber dank Talleyrand durchaus auch nicht die Besiegte. Die kurze Rückkehr Napoleons 1815 endet in Waterloo. Neue Verhandlungen sind nötig, an denen Humboldt mitwirkt. Humboldt wäre gern Botschafter Preußens in Paris geworden, aber die Franzosen wollten auf keinen Fall einen Botschafter Humboldt, der nicht nur erheblichen Anteil an ihrer Niederlage hatte und sich auf dem

Wiener Kongress als nicht besonders frankreichfreundlich gezeigt hatte, sondern der sich auch noch aktiv für die Restitution der in Europa geraubten Kunstwerke einsetzte. Humboldt stört die nachnapoleonische Entente der Sieger mit Frankreich. Er wird daher von Hardenberg in die Territorialkommission in Frankfurt 1816/17 entsorgt und schließlich 1817/18 als Botschafter in London kaltgestellt.

Humboldts größte historische Aufgabe als „Staatsmann" wäre es aber gewesen, nach der Erledigung der Aufgaben in der europäischen Außenpolitik und in der Deutschlandpolitik, die politische Hoffnung der preußischen Innenpolitik zu erfüllen. Humboldt wurde Anfang 1819 „Minister für ständische Angelegenheiten", und er verstand die Aufgabe als einen Auftrag zur Reform der preußischen Verfassung, wie dies in den Reformplänen Steins und Hardenbergs vorgesehen war und wie dies nach dem militärischen Einsatz des Volkes zur Befreiung von den ausländischen Besatzern auch zu erwarten war. Das Land, die „Nation", hatte immerhin sieben Jahre lang die französische Besatzung mit allen Drangsalen, die das bedeutete, ertragen und sich schließlich von ihr befreit. Eine politische Beteiligung des Volkes war versprochen worden. Der König hatte Hardenberg 1810 das Verfassungsversprechen gegeben. Und der Artikel XIII der Deutschen Bundesakte von 1815 sah vor, dass in allen Bundesstaaten eine landständische Verfassung stattfinden wird. Humboldt entwickelte hierzu einen Plan in seinem Verfassungsentwurf von 1819, der natürlich nicht „französisch" demokratisch war, sondern liberal und humboldtisch reformistisch, also immerhin Elemente einer Repräsentation des Bürgertums oder des „Mittelstandes", wie er ihn einmal nennt (XVII: 362), enthält. Humboldt schlägt eine Synthese der Rechte traditioneller Eliten mit den Interessen der ökonomisch aktiven Schichten der Nation vor, eine konstitutionelle Monarchie, welche die Forderungen der bürgerlichen Klasse nach politischer Beteiligung mit den Privilegien der alten Machteliten verbindet, auch wenn es die letzteren nach Humboldt gar nicht verdient haben: „Der Adel hat, schon vor der Einwirkung der Revolutionen, durch eigene Lauigkeit und Schlaffheit, frivole Verschuldung, Veräußerung seiner Güter, wo ihm nur das Gesetz nicht geradezu in den Weg trat, Abweichen von der Einfachheit und Reinheit vorväterlicher Sitte sich selbst die Grube gegraben" (an Stein 4. April 1823, XVII: 362). Doch selbst diese reformistischen, „synthetischen“ Vorstellungen Humboldts zur Neugestaltung des preußischen politischen Raums waren nach dem Sieg der alten Mächte – vor allem Österreichs – im postnapoleonischen Europa nicht mehr durchzusetzen. Mehr noch als in der Deutschland-Politik scheiterte Humboldt hier krachend. Die Reform, die Humboldt im Gegensatz zur Bildungsreform nicht gelang, war die Verfassungsreform Preußens. Dove schreibt hierzu in seinem schon zitierten Artikel in der ADB, der den „Staatsmann“ Humboldt würdigt:

> Zum zweiten Male, wie vor zehn Jahren [also wie bei der Gründung der Universität], sah sich Humboldt so vor eine staatsmännische Aufgabe gestellt, für deren Lösung er nach dem Urtheil der Nachwelt sowol wie der Zeitgenossen vor allen anderen befähigt war. Nicht an ihm hat es gelegen [...], daß ihm dennoch nicht beschieden ward, mit demselben Recht der Gründer der preußischen Verfassung wie der Berliner Universität zu heißen. (Dove 1881: 354)

Humboldt hatte das politische Feld zu räumen, eine für die deutsche Geschichte insgesamt fatale Entscheidung. Nicht die – im Vergleich zur Französischen Revolution abgemilderte – Transformation des Staates, eine „Vermählung“ der politischen Kräfte, gelingt, sondern die Kräfte der Vergangenheit – also die schlechte alte „Isolation“ der Klassen – siegen über die Humboldt'sche Synthese. Diese wurde von seinen reaktionären Gegnern, die den König umgaben, hintertrieben. Humboldt hielt an seinem Vorhaben fest. Er wurde daher aus seinem Amt entlassen. Stolz nahm Humboldt die Fortzahlung der Besoldung, die der König ihm anbot, nicht an. Denn: „es würde mir ein innerlich peinliches Gefühl seyn, eine Besoldung zu genießen, ohne in Ew. Königlichen Majestät allerhöchstem Dienst thätig zu seyn“ (XVII: 347).

3.3. Das Museum

Humboldt zog sich aus der Politik zurück und wurde in Tegel – endgültig – zum Gelehrten. Er entwickelte in seinem Haus eine Wissenschaft und eine Philosophie der Sprache, die wir im nächsten Kapitel darstellen. Zunächst aber realisierte Humboldt in Tegel sein drittes Griechen-Projekt, nach dem „Alterthums"-Entwurf für Wolf und nach den römischen Fragmenten „Latium und Hellas" und der „Geschichte des Verfalls und Untergangs der griechischen Freistaaten": Er lässt sein kleines altes Schlösschen Tegel von Schinkel in eine römische Villa verwandeln. Der alte Bau wird klassizistisch umbaut und vergrößert, so dass er große helle Räume erhält, ein Atrium und Gartensaal als herrliches Entrée, ein geräumiges Arbeitszimmer und – vor allem – einen großen Saal für ein kleines Museum antiker Skulpturen im ersten Stockwerk. Auch in seinem Arbeitszimmer ist Humboldt umgeben von griechischen Kunstwerken. Charakteristisch für das Äußere des neuen Gebäudes sind die vier Türme an den Ecken des Hauses. Für diese Türme lässt Humboldt den Bildhauer Rauch die allegorischen Figuren der acht griechischen Hauptwinde nachbilden, wie sie in Athen den Turm der Winde schmücken: Boreas, Kaikias, Apeliotes, Euros, Notos, Lips, Zephyros, Skiron. Wind, *anemos*, ist auch *pneuma,* Atem, Geist. Griechischer Geist umweht also Humboldts Haus.

Ganz offensichtlich waren durch den politischen Bruch die Beziehungen zum König gestört. Zur Einweihung des umgebauten Schlosses Tegel kam nicht der König, sondern der Kronprinz. Es ist auch der Kronprinz, der Humboldts öffentliche Vorträge an der Akademie besucht, wo Humboldt künftig seine Tegeler Forschungen vorstellt. Der König nähert sich erst Jahre später Humboldt wieder an. 1826 macht auch er einen Besuch in Tegel. 1830 beruft er Humboldt zurück in den Staatsrat, in einer ehrenhaften beratenden Funktion, der Humboldt auch durchaus diskret nachkommt. Vor allem aber macht er ihn im Mai 1829 zum Vorsitzenden der Kommission, die das von Schinkel erbaute neue Museum (heute Altes Museum) konzeptionell gestaltet, die also ganz konkret die Aufstellung der Kunstwerke in diesem ehrgeizigen und größten kulturellen Projekt des Staates bestimmt. Diese letzte Aufgabe wird kaum als die des „Staatsmanns" Humboldt thematisiert. Sie ist aber

Abb. 10: Schloss Tegel in Berlin
1820–1824 im Auftrag von Wilhelm von Humboldt umgebaut
und erweitert durch Karl Friedrich Schinkel

nach der geglückten Erziehungsreform mit Universitätsgründung und nach den Botschafter- und Ministerjahren mit der missglückten Verfassungsreform die dritte große – und erfolgreiche – staatsmännische Aktivität Wilhelm von Humboldts. Sie dauert, wie die erste, nur etwa anderthalb Jahre.

Nach der Einrichtung einiger öffentlicher Museen im 18. Jahrhundert, vor allem aber nach der Etablierung des Louvre als Kunst-Museum der Republik wird die Sammlung und Ausstellung von Kunst zur politischen Aufgabe der Staaten, die erhebliche Mittel dafür aufwenden. Museumspolitik ist ein zentrales Politikfeld des modernen Staates, gerade auch Preußens, das seinen Ehrgeiz darin sieht, aus dem friderizianischen Militärstaat zum Kulturstaat zu werden. Die Begegnung mit der Kunst dient der ästhetischen Erziehung des Volkes gemäß Schillers politischer Philosophie des Schönen. Humboldt war für die Tätigkeit in der Museums-Kommission natürlich hervorragend geeignet: Er hatte, wie wir gesehen haben, schon 1810 als Sektionschef für den Unterricht zur Absicht des Königs, ein Museum einzurichten, Stellung genommen und Raum dafür in der Universität vorgesehen. Er hatte sein eigenes Haus als Museum eingerichtet, er war privat als Förderer der Künste aktiv, schon in Rom zusammen mit Caroline und jetzt in Berlin im Kunstverein, dessen Vorsitzender er war. Für Humboldt ist die Einrichtung des großen preußischen Museums eindeutig ein Stück „Bildungspolitik". Die Begegnung mit dem Schönen ist eine fundamentale Bedingung der „höchsten und proportionirlichsten Bildung" des Menschen, um die Formel aus seinem frühen politischen Buch noch einmal aufzugreifen.

Als Vorsitzender der Kommission kann er nun – zusammen mit Schinkel – das Museum inhaltlich entscheidend prägen. Dass das Museum die Bürger des Staates „bildet", ist seine politische Funktion. Dazu muss „der Zweck des ästhetischen Genusses sich mit dem der künstlerischen Belehrung vereinigen" (XII: 547). Diese Doppel-Finalität leitet die konkrete Aufstellung und Hängung der Bilder. Der ästhetische Genuss ist für Humboldt primär, so dass der Besucher des Museums die besten und schönsten Kunstwerke zu sehen bekommt, denn nur diese „bilden" ihn. Die Sequenz der Bilder ist historisch (Belehrung). Die nur kunsthistorisch und antiquarisch interessanten Bilder lässt er in abgesonderten Räumen aufhängen für die Spezialisten, nicht für das „grosse Publikum, welches keine besondere Kunstkenntniss mitbringt" (XII: 548). In seinem Bericht an den König vom 21. August 1830 beschreibt er genau die Arbeit der Kommission, er preist den Reichtum und die Neuheit des Museums, die Lichtgebung in Schinkels Bau und die neue Museums-Ästhetik, zum Beispiel: „Vollkommen neu ist die Aufstellung von Statuen an Säulen" (XII: 543). Bestand, materielle Beschaffenheit, Hängung bzw. Aufstellung der Werke und der Katalog beschäftigen ihn, er gibt Empfehlungen über zukünftige Ankäufe und macht sich Gedanken über das Zeichnen und Kopieren in der Galerie. Er kündigt an, dass er sobald als möglich Rechenschaft geben wird über die verausgabten Mittel, und endet formvollendet: „Ich ersterbe in tiefster Ehrfurcht Ew. Königl. Majestät allerunterthänigster Humboldt".

Diese dritte Reformanstrengung gelingt dem Staatsmann Humboldt, wieder im Verein mit einem brillanten Team – Schinkel, Tieck, Rauch, Waagen –, glänzend. Das Museum ist wie die Universität auch heute noch ein Zukunftsprojekt. 1830 wird das

Abb. 11: Altes Museum Berlin

(Alte) Museum eröffnet, das seitdem das Volk begeistert, das daher auch die Erweiterungen und Transformationen an dem heute „Museumsinsel" genannten Ort mit großherzigen Kontributionen unterstützt. Das Forum, das nun Humboldts Namen trägt, also das dem Museum gegenüberliegende Schloss, ist eine zukunftsträchtige Weiterentwicklung der Museumsgründung von 1830. Die staatsmännische Tat Humboldts scheint allerdings dem Alten Museum unbekannt zu sein, wenn es in seiner kleinen Ausstellung über das Entstehen und die Entwicklung des Museums den Namen Wilhelm von Humboldts als des Verantwortlichen für seine erste Ausstellung übergeht. Hermann Lübbe hatte 1980 in einem großen Festvortrag zum 150. Geburtstag des Museums noch eindrucksvoll an seinen Gründer erinnert. Früher, so Rave (1979: 116), standen in der Vorhalle einmal die Büsten Schinkels und Humboldts.

4. Ankunft: Die Sprache

Auch während seiner verschiedenen „staatsmännischen" Aktivitäten wird Humboldt sein in der Jenaer Zeit gefundenes anthropologisches Projekt niemals aufgeben. Der Mensch und seine konkreten kulturellen Manifestationen – und von diesen zentral die Sprache – sind und bleiben der Fokus seiner wissenschaftlichen Aktivitäten. Wir haben gesehen, dass er als Gesandter in Rom das Basken-Buch, die Ethnographie der Basken, zu Ende schreibt, dass er das anthropologische Griechenprojekt („Biographie“ und „Charakter“ einer Nation) wieder aufgreift und dabei die Sprache als „Odem der Nation“ in den Mittelpunkt rückt. In Wien beginnt er, die amerikanischen Sprachmaterialien seines Bruders zu bearbeiten. Immer bleiben, auch während der staatsmännischen Missionen, seine auf Sprache bezogenen Aktivitäten und seine Neugier für Sprachliches präsent. Schon in Königsberg lernt er Lettisch, in Wien Ungarisch und Tschechisch. Er hat Umgang mit Bartholomäus Kopitar, dem großen slowenischen Slawisten, mit dem zusammen er über die slawischen Sprachen arbeitet. „Ich werde nur einige Minuten haben, bis mein böhmischer Sprachmeister kommt, den ich nicht gern versäume“ (Sydow 1906-16, 4: 83), schreibt er an seine Frau aus Prag. Humboldt sucht sogar im Oktober 1813, am Tag nach der Völkerschlacht und nach grausigen Eindrücken vom Schlachtfeld, den Philologen Hermann in Leipzig auf, um mit ihm Probleme des griechischen Metrums zu diskutieren. Dieses biographische Detail philologischer Kaltherzigkeit lässt einen heutigen Betrachter erschaudern, aber es zeigt die geradezu obsessive Präsenz von Sprache in Humboldts Denken und Fühlen. In allen politischen Geschäften arbeitet er an seiner *Agamemnon*-Übersetzung, bis er sie 1816 zum Druck gibt. Aber er veröffentlicht in den siebzehn Jahren seiner Tätigkeit als Staatsmann, von 1802 bis 1819, nur den *Agamemnon* und zwei Aufsätze zum Baskischen. Erst 1820, in Tegel, kann er sich ganz der wissenschaftlichen Arbeit an den Sprachen widmen, die er kontinuierlich bis an sein Lebensende treibt. Es ist eine zweiseitige Aktivität: Arbeit an konkreten Sprachen, Linguistik, einerseits und Reflexion über die Sprache überhaupt, Philosophie, andererseits. Letzteres betreibt Humboldt seit mindestens fünfundzwanzig Jahren, seit er 1795 über „Denken und Sprechen“ nachgedacht und im „Mitdenken“ die zentrale Funktion der Sprache gefunden hat. Es bedurfte aber der Begegnung mit den Sprachen in ihrer Mannigfaltigkeit, um seine Philosophie der Sprache zu befördern und ihr den besonderen Humboldt‘schen Charakter zu geben.

4.1. Anthropologisch-vergleichende Sprachwissenschaft

Humboldt nimmt nach seiner Entlassung aus dem Ministeramt sofort seine nicht zu Ende geführten sprachwissenschaftlichen Projekte wieder auf: die Arbeit am Basken-Werk und die Arbeit an den amerikanischen Grammatiken, die er in Rom bzw. in Wien liegengelassen hatte. Die Berliner Akademie wird in der nun bis zum Ende des Lebens dauernden Zeit der Gelehrsamkeit seine wissenschaftliche Öffentlichkeit sein. Für seinen ersten Auftritt vor der Akademie plant er zunächst, den in Wien geschriebenen, aber nicht beendeten französischen „Essai sur les langues du Nouveau Continent", den „Versuch über die Sprachen des Neuen Kontinents", auf Deutsch vorzutragen, der im wesentlichen eine sprachphilosophische Rechtfertigung seines Plans einer Enzyklopädie aller Sprachen der Welt ist.[28] Humboldt wird aber einen gänzlich neuen Vortrag ausarbeiten: «Über das vergleichende Sprachstudium», der die gesamte bisherige Sprachwissenschaft ziemlich revolutionär erneuert. Und vom Basken-Projekt wird er den geplanten Teil über den „Ursprung der Vaskischen Nation und Sprache" zu dem schon erwähnten Buch über die Urbewohner Hispaniens ausarbeiten, das er ebenfalls 1820 der Akademie vorstellt, bevor es dann 1821 im Druck erscheint. Zwischen 1820 und 1831 wird Humboldt in siebenundzwanzig Vorträgen vor der Akademie über seine Arbeiten berichten.

Humboldt stürzt sich geradezu in die Sprachen und in die internationale Forschung: Nach dem Baskischen und den amerikanischen Sprachen studiert er das damals die Sprachgelehrten erregende Sanskrit. Er lernt Franz Bopp, den großen Sanskritspezialisten, schon 1818 in London kennen.[29] Auf dem modischen indischen Gebiet hatte Friedrich Schlegel (1808) das Sanskrit als Sprache einer neuen europäischen Renaissance im Zeichen Indiens empfohlen und unter Heranziehung der amerikanischen Grammatiken, die Alexander von Humboldt von der Reise mitgebracht und ihm geliehen hatte, weitgehende typologische Aussagen über die Sprachen Indo-Europas und Amerikas gewagt, die es zu widerlegen galt. Humboldt stellt als erster den deutschen Gelehrten Champollions Entzifferung der ägyptischen Hieroglyphen vor und arbeitet in diesem Zusammenhang über das Verhältnis von Sprache und Schrift.[30]

Chinesische Studien bringen ihn in einen gelehrten Austausch und Lernprozess mit dem Sinologen Abel-Rémusat, der einen langen französischen Brief Humboldts über das „Genie der chinesischen Sprache“ (*Sur le génie de la langue chinoise*) 1827 in Paris drucken lässt, über das Humboldt auf Deutsch vor der Akademie vorträgt. Das Sanskrit ergreift Humboldt fast so sehr wie das geliebte Griechisch, so dass er sich nicht nur in diese Sprache, sondern auch in die indische Religion einarbeitet und mehrere Vorträge über die *Bhagavad-Gita*, das große religiöse Gedicht des Hinduismus, hält, die – als sie gedruckt vorlagen – Hegel zu einer ausführlichen Rezension und Abhandlung über indische Philosophie anregen (Hegel 1827). Von Indien wendet sich Humboldt schließlich den Sprachen der Südsee zu, den heute „austronesisch“ genannten Sprachen zwischen Madagaskar und Neuseeland. Er trägt sechsmal aus seinen Forschungen zu diesen Sprachen vor, vor allem zum Kawi, dem stark vom Sanskrit überformten Altjavanischen. Diesem und anderen austronesischen Sprachen ist dann auch sein posthum (1836-39) erscheinendes dreibändiges Hauptwerk *Über die Kawi-Sprache auf der Insel Java* gewidmet. Humboldt spinnt ein riesiges Netz von Briefpartnern, die er für die Beschaffung von linguistischen Materialien und Informationen braucht. Er korrespondiert nicht nur mit Paris und London, wo die europäischen Spezialisten sitzen (Champollion, Abel-Rémusat, Johnston, Marsden), sondern auch mit Gelehrten in Amerika (Pickering, Duponceau) und Mittel- (Koppe) und Südamerika (von Olfers).

4.1.1. Das vergleichende Sprachstudium

Insgesamt hat Humboldt bei seinen siebenundzwanzig Auftritten achtzehn verschiedene Vorträge gehalten, manche Vorträge musste er zweimal halten, andere gingen über mehrere Sitzungen. Von den achtzehn Vorträgen sind acht in den Abhandlungen der Akademie gedruckt worden. Diese acht Akademie-Abhandlungen sind – neben dem Buch über die Urbewohner Hispaniens und ein paar französischen Artikeln – zusammengenommen das veröffentlichte wissenschaftliche Werk der Tegeler Jahre, also sozusagen „Humboldts Buch“. Die insgesamt 220 Druckseiten ergeben aber kein kohärentes Bild von dem, was Humboldt eigentlich wollte, von der Neuheit seines Sprachdenkens. Die Intention seiner neuen Sprachwissenschaft hat er im wesentlichen in seiner ersten Akademie-Rede 1820 dargelegt: „Über das vergleichende Sprachstudium“.

Wenn er am 29. Juni 1820 diese Rede vor der Akademie hält, so ist dies sein erster öffentlicher Auftritt als Wissenschaftler. Humboldt weiß natürlich genau, an welchem Ort er spricht. Die Berliner Akademie ist der europäische Ort, an dem die beiden sprachphilosophisch wichtigsten Fragen des 18. Jahrhunderts diskutiert worden sind: die Frage nach dem Ursprung der Sprache und die Frage nach dem Verhältnis von Sprache und Denken. Und sie ist die gelehrte Institution, die ihren eigenen Auftritt in der europäischen Wissenschaft mit einem sprachwissenschaftlichen Thema begonnen hatte: 1710 hatte Leibniz die Schriften der Berliner Akademie mit einem Artikel über die „Ursprünge der Völker nach dem Zeugnis ihrer Sprachen“ (*De originibus gentium ex indicio linguarum*) inauguriert. Mit dem ersten Satz seiner Rede weist Humboldt den Ansatz Leibniz‘ (und im Grunde der gesamten bisherigen Sprachgelehrsamkeit) zurück, die Sprachforschung in den Dienst der Geschichte zu stellen und Sprachen nur als Zeugnisse (*indicium*) für die Vergangenheit der Völker (*origines gentium*) zu betrachten. Dagegen stellt er ein Sprachstudium, das seinen „Zweck in sich selbst“ hat, das also autonom ist und keinen anderen Zielsetzungen dient:

> Das vergleichende Sprachstudium kann nur dann zu sichern und bedeutenden Aufschlüssen über Sprache, Völkerentwicklung und Menschenbildung führen, wenn man es zu einem eignen, seinen Nutzen und Zweck in sich selbst tragenden Studium macht. (IV: 1)

Jede Sprache sei als „feingewebter Organismus“ zu erfassen, dessen „Eigenthümlichkeiten“ nur durch die „Allgemeinheit des Studiums“, das heißt durch die Erforschung aller Sprachen der Welt, vergleichend herausgearbeitet werden können. Die Intention seiner Anthropologie, die „Eigenthümlichkeiten“ der menschlichen Erscheinungen vergleichend zu charakterisieren, ist unverkennbar präsent. Sein Vorschlag ist ohne Polemik, gleichsam diplomatisch vorgetragen. Er ist aber dennoch nichts weniger als eine Revolution der Sprachforschung: von der historischen Heteronomie zur strukturellen Autonomie. Genau in diesem deskriptiv-strukturellen Moment unterscheidet sich Humboldts Ansatz von der traditionellen Sprachgelehrsamkeit und der sich gleichzeitig entwickelnden *historisch*-vergleichenden Sprachwissenschaft Bopps oder Grimms. Humboldts Sprachwissenschaft ist *anthropologisch*-vergleichend.

Auch die von Herder (1772) für die Akademie prominent beantwortete Frage nach dem Ursprung der Sprache wird Humboldt im Verlauf der Rede revolutionär umkehren. Von einer historischen Frage (wie und wann in der Menschheitsgeschichte ist die Sprache entstanden, wann „hebt sie an"?) wendet er sie in eine transzendentalphilosophische Frage: Wie „entspringt" Sprache in jeder unserer sprachlichen Aktivitäten, wie entsteht sie also „ewig"?[31] Diese Frage inauguriert eine Philosophie der Sprache, die wir im nächsten Abschnitt 4.2. darstellen.

Mit seiner Forderung nach einem „seinen Nutzen und Zweck in sich selbst tragenden Studium" handelt Humboldt sich die Verpflichtung ein zu begründen, wie und warum dies überhaupt nötig und möglich ist. Warum muss man denn alle Sprachen der Welt als „feingewebte Organismen" oder – wie er später sagen wird – in ihrem „Bau" und in ihrem „Charakter" untersuchen? Humboldts Antwort verweist auf die zweite Sprach-Frage der Akademie, auf die nach dem Verhältnis von Sprechen und Denken. Leibniz hat hierzu eine Antwort angedeutet, aber nicht in seinem gelehrten lateinischen Akademie-Artikel, sondern in seinem philosophischen Hauptwerk, auf Französisch, in den *Nouveaux essais sur l'entendement humain*: Sprache ist eine Form des Denkens, der *cognitio*, die Sprachen der Welt enthalten Denken oder Wissen (*connaissances*) der Völker und sind als solche Dokumente der „wunderbaren Vielfalt des menschlichen Geistes", der „merveilleuse variété des opérations de notre esprit" (Leibniz 1765: 293). Und deswegen ist es wichtig, die Sprachen zu beschreiben und zu vergleichen. Zur Rechtfertigung einer autonomen Sprachwissenschaft als Wissenschaft des menschlichen Geistes – Humboldt spricht immer vom „Sprachstudium" – ist also eine Philosophie der Sprache zu entwickeln, die es – bis auf die Leibnizschen Andeutungen – noch nicht gibt. Hier in der ersten Akademierede teilt er der Wissenschaft zum ersten Mal die Grundgedanken seiner Sprachphilosophie öffentlich mit, die seit 1795 in seinen Skizzen wachsen und die er in seinem späteren Hauptwerk ausführt: Sprache ist Denken, genauer: Artikulation des „Erkennbaren“ (IV: 27) und des Lauts, und die verschiedenen Sprachen sind verschiedenes Denken. Hier erscheint sein zentraler Ausdruck zum ersten Mal: „Weltansichten“: „Ihre Verschiedenheit ist nicht eine von Schällen und Zeichen, sondern eine Verschiedenheit der Weltansichten selbst“ (IV: 27).

Humboldt ist fast nie antagonistisch oder gar polemisch, aber er hat einen Feind, dem er seine Sprachauffassung entgegenstellt: die Auffassung von der Sprache als willkürlichem Zeichen und als bloßem Mittel der Kommunikation. Diese „beschränkte Vorstellung“ oder diesen „Irrthum“ bekämpft er spätestens seit Rom 1806, das heißt seitdem er die Sprache als „Odem der Nation“ erkannt hat:

> Den nachtheiligsten Einfluss auf die interessante Behandlung jedes Sprachstudiums hat die beschränkte Vorstellung ausgeübt, dass die Sprache durch Convention entstanden, und das Wort nichts als Zeichen einer unabhängig von ihm vorhandenen Sache, oder eines eben solchen Begriffs ist. Diese bis auf einen gewissen Punkt freilich unläugbar richtige, aber weiter hinaus auch durchaus falsche Ansicht, tödtet, sobald sie herrschend zu werden anfängt, allen Geist und verbannt alles Leben. (III: 167)

Auf der Grundlage dieser heftigen Kritik an der Tradition fasst er im letzten Abschnitt seiner Rede die Intention seines vergleichenden Sprachstudiums folgendermaßen zusammen: „Nur auf diesem Wege können diese Forschungen dahin führen, die Sprachen immer weniger als willkührliche Zeichen anzusehen“(IV: 32). Die Kritik bezieht sich auf die gängige triviale und ehrwürdige Auffassung der Sprache als eines Mittels der Mitteilung von vorsprachlich gefassten Gedanken, wie sie seit Aristoteles im europäischen Denken vorherrscht. In *De interpretatione* (*Lehre vom Satz*) hatte Aristoteles die Wörter, das heißt die Laute, als willkürliche Zeichen für die Mitteilung des bei allen Menschen gleichen, universellen Denkens gefasst, und alle Schulen Europas haben dies Jahrhunderte lang als „Normaltheorie“ über die Sprache gelehrt. Durch die Begegnung mit den Sprachen der Welt, insbesondere seit dem 16. Jahrhundert, hat Europa aber die Erfahrung gemacht, dass das Denken unauflöslich mit den Sprachen verbunden ist und in den verschiedenen

Sprachen verschieden geformt wird oder dass, wie Humboldt am Ende seiner Rede noch einmal betont, in den Sprachen „eigne Weltansichten liegen“ (IV: 33). Auch hinsichtlich ihrer strukturellen Eigenschaft stehen die Wörter daher dem Zeichen gegenüber: Wo beim Zeichen die materielle Form und der Inhalt nichts miteinander zu tun haben (das meint ja gerade „willkürlich“) und einander in „Isolation‘“ gegenüberstehen, sind bei den Wörtern der Sprache Laut und Bedeutung in einer „Synthese“ eng miteinander verbunden, das heißt unauflösbar aber doch unterscheidbar. Beim Bild – das ist die dritte „bedeutende“ Größe – sind materielle Form und Inhalt ununterscheidbar miteinander verschmolzen („Einverleibung“). Humboldts triadische Denkfigur liegt auch seiner Sprachtheorie zugrunde.

4.1.2. Acht Reden: Humboldts Buch

Es ist hier nicht möglich, ausführlich auf die anderen Reden Humboldts einzugehen. Es seien nur die Titel der acht gedruckten Reden (mit Vortragsjahr und Jahr des Drucks)[32] genannt, die auch die bedeutsamsten sind:

1. Ueber das vergleichende Sprachstudium in Beziehung auf die verschiedenen Epochen der Sprachentwicklung (1820) 1822.
2. Ueber die Aufgabe des Geschichtschreibers (1821) 1822.
3. Über das Entstehen der grammatischen Formen, und ihren Einfluß auf die Ideenentwicklung (1822) 1825.
4. Ueber die Buchstabenschrift und ihren Zusammenhang mit dem Sprachbau (1824) 1826.
5. Über die unter dem Namen Bhagavad-Gítá bekannte Episode des Mahá-Bhárata (1825 und 1826) 1828.
6. Über vier Aegyptische, löwenköpfige Bildsäulen in den hiesigen Königlichen Antikensammlungen (1825) 1828.
7. Ueber den Dualis (1827) 1830.
8. Über die Verwandtschaft der Ortsadverbien mit dem Pronomen in einigen Sprachen (1829) 1832.

Es ist nicht so einfach, in diesem Ensemble der gedruckten Vorträge ein kohärentes Projekt, etwa eine Ausarbeitung des in der ersten Rede Entworfenen, zu entdecken. Selbstverständlich haben alle publizierten Abhandlungen etwas mit Sprache zu tun. Aber man würde zunächst nur fünf der acht Texte als sprachwissenschaftliche Abhandlungen betrachten. Die Abhandlung über den Geschichtsschreiber, die *Bhagavad-Gita* und die vier löwenköpfigen Bildsäulen sind nicht wirklich linguistisch. Und die anderen fünf Abhandlungen – Vergleichendes Sprachstudium, Grammatische Formen, Buchstabenschrift, Dualis und Ortsadverbien – verraten auch nicht auf den ersten Blick eine innere Kohärenz. Aber näher betrachtet, hängen alle acht Reden auf geradezu wunderbare Weise zusammen:

Wenn er an der Akademie zu sprechen beginnt, entwirft Humboldt, so haben wir gesehen, das Programm einer enzyklopädischen Sprachdeskription, und er begründet gleichzeitig, warum man das tun muss: eben wegen der synthetischen „Untrennbarkeit des menschlichen Bewusstseyns und der menschlichen Sprache" (GS IV: 15) und weil diese Synthese sich in der Verschiedenheit der „Weltansichten" der Sprachen realisiert. Dass die Struktur der Sprachen, ihr „innerer Zusammenhang", das Zentrum der Sprachbeschreibung sein muss, sagt die erste Rede. Die Rede über die grammatischen Formen verfolgt die dort nur angedeutete Frage nach einer strukturellen Hierarchie der Sprachen weiter. Sprachen aus verschiedenen Teilen der Welt – Europa, Amerika, Asien – werden hinsichtlich bestimmter morpho-syntaktischer Eigenschaften betrachtet. Zwei zentrale Momente der Humboldtschen Sprachphilosophie werden in der „Buchstabenschrift" und den „löwenköpfigen Bildsäulen" einerseits und im „Dualis" und „Ortsadverbien" andererseits weitergedacht bzw. neu eingeführt: nämlich die Theorie der Artikulation und die Theorie der Ich-Du-Beziehung. Die *Bhagavad-Ghita*-Rede ist schließlich zwar nicht explizit sprachthematisierend, da sie von indischen Gottheiten und der „indischen Philosophie" handelt. Aber sie repräsentiert doch ein zentrales Moment der Humboldtschen Sprachauffassung: nämlich die Rede, das heißt Sprache als *Energeia*, als Tätigkeit, als „Gebrauch" einer Sprache. Ich werde diese Momente des Humboldtschen Sprachdenkens im nächsten Abschnitt im Zusammenhang darstellen. Dennoch ist, wie gesagt, diese hermeneutisch sympathetisch von mir festgestellte innere Konsistenz des Ensembles der gedruckten Akademie-Reden nicht unmittelbar evident.

4.1.3. Geschichtschreiber

Eine Sonderstellung unter den Reden vor der Akademie nimmt der Vortrag „Über die Aufgabe des Geschichtschreibers" ein. Diese Rede fällt nicht nur thematisch aus den linguistischen Vorträgen heraus, sondern hat auch eine größere Verbreitung gefunden hat als die anderen Reden. Zwar beschwert sich Humboldt, dass der Aufsatz bei Goethe und seinen Kollegen nicht gut angekommen sei. Er ist aber später (z.B. bei Dilthey)[33] nicht nur der Ausgangspunkt der Diskussion über Humboldts „Geschichtsphilosophie", sondern vor allem ein Grundtext für die hermeneutische Theorie der Geisteswissenschaften, also für ein „verstehendes Verfahren" als grundlegendes wissenschaftliches Vorgehen in der Erforschung kultureller Gegenstände.[34] Das sei kurz angedeutet.

Der Historiker oder, wie Humboldt ihn nennt, der „Geschichtschreiber" befindet sich zunächst einer chaotischen Anhäufung von „Tatsachen" gegenüber, aus denen er eine historische „Begebenheit" formen muss. Die Tätigkeit des Geschichtsschreibers ist hinsichtlich der Schaffung eines solchen Ganzen mit derjenigen des Dichters zu vergleichen, es ist eine schöpferische, „bildende" Tätigkeit:

> Von dieser Seite betrachtet, ist er selbstthätig, und sogar schöpferisch, zwar nicht indem er hervorbringt, was nicht vorhanden ist, aber indem er aus eigner Kraft bildet, was er, wie es wirklich ist, nicht mit blosser Empfänglichkeit wahrnehmen konnte. Auf verschiedene Weise, aber ebensowohl, als der Dichter, muss er das zerstreut Gesammelte in sich zu einem Ganzen verarbeiten. (IV: 36)

Allerdings ist der Historiker von einer anderen Art von Einbildungskraft bewegt als der Dichter, die Humboldt den „Sinn für die Wirklichkeit" nennt. Das Ergebnis seiner bildenden Tätigkeit ist nicht willkürlich. Der Geschichtsschreiber kann bei seiner Schöpfung nämlich darauf vertrauen, dass der Gegenstand selbst, auf den er sich richtet, kein völlig fremder ist. Der historische Gegenstand ist nämlich etwas vom Menschen Gemachtes, so dass eine „Brücke der Verständigung" zwischen dem Geschichtsschreiber und der Wirklichkeit, eine vorgängige „ursprüngliche Uebereinstimmung"

(IV: 47) besteht. Was Humboldt über die „Geschichtsschreibung“ und die „Bildung“ (modern: Konstruktion) ihres Gegenstandes als ein hermeneutisches Verfahren schreibt, ist nicht nur für die Geschichte von Belang, sondern für das geisteswissenschaftliche Verfahren überhaupt. Das wird auch dadurch deutlich, dass Humboldt in seinem Hauptwerk (VII: 20) das hier beschriebene Verfahren ausdrücklich auch auf die Sprachwissenschaft anwendet. „Über die Aufgabe des Geschichtschreibers“ gilt also auch für die Methode der Linguistik. Die Rede ist Humboldts *Discours de la méthode*. Auch der Sprachwissenschaftler befindet sich zunächst vor einer chaotischen Anhäufung von „Tatsachen“, die er dann zu einer „Begebenheit“, zu einem Ganzen, verstehend konstruieren muss.

4.2. Philosophie der Sprache

Angesichts des Ensembles der Akademiereden fällt auf, dass Humboldt in der Akademie im wesentlichen empirische Forschungen – über bestimmte Sprachen, über grammatische Details, oft vergleichend, über kulturhistorisch bedeutsame Texte – vorstellt und dass keine der Reden, außer der ersten, längere Ausführungen zu einer Philosophie der Sprache enthält. Es blitzen in den sonstigen Reden hier und da Stücke einer solchen Philosophie auf. Dabei wissen wir, dass Humboldt in der Tegeler Zeit intensiv an einer Philosophie der Sprache gearbeitet hat. Er hat sie aber nicht vorgetragen, sondern gleichsam für seine große Synthese in der Einleitung zum *Kawi-Werk* aufgehoben. Zu deren Vorbereitung gibt es eine riesige Text-Produktion theoretischen oder sprachphilosophischen Inhalts. Sie beginnt mit den „Grundzügen des allgemeinen Sprachtypus“, einem Text, der gleichsam schon alles enthält und den Humboldt wie einen Steinbruch für das Hauptwerk benutzt hat.[35] Andere theoretische Entwürfe sind: „Von dem grammatischen Baue der Sprache“ und „Über die Verschiedenheiten des menschlichen Sprachbaus“ (Plural!)[36], das der *Kawi-Einleitung* unmittelbar vorangeht. Diese großen Manuskripte sind erst 1906 und 1907 in den *Gesammelten Schriften* gedruckt worden.

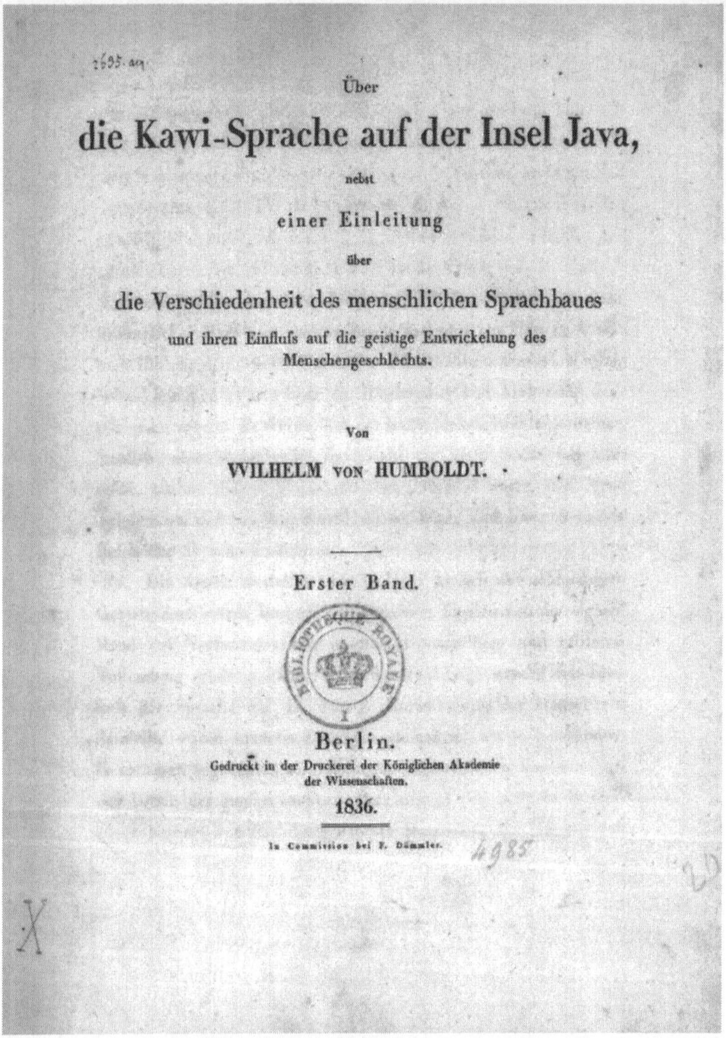

Über

die Kawi-Sprache auf der Insel Java,

nebst

einer Einleitung

über

die Verschiedenheit des menschlichen Sprachbaues

und ihren Einfluſs auf die geistige Entwickelung des Menschengeschlechts.

Von

WILHELM von HUMBOLDT.

Erster Band.

Berlin.

Gedruckt in der Druckerei der Königlichen Akademie der Wissenschaften.

1836.

In Commission bei F. Dümmler.

Abb. 12: Das Hauptwerk

Das letzte Werk Humboldts ist das dreibändige Buch *Über die Kawi-Sprache auf der Insel Java*, das postum in den Jahren 1836 bis 39 erscheint. Auch dieses ist ein Fragment, das sein Mitarbeiter Eduard Buschmann ab Band 2 zu einem Ganzen ergänzt hat. Es besteht aus einer „Einleitung“ und einem ersten Band „Über die Beziehungen zwischen Indien und der Insel Java“, darauf folgt eine Beschreibung der Kawi-Sprache, die auf eine vergleichende Grammatik austronesischer Sprachen hinausläuft. Der erste Band lag schon in den Druckfahnen vor, als Humboldt starb. Vor allem aber hatte Humboldt vor seinem Tod noch die „Einleitung“ zu Ende redigiert. Dieser Teil mit dem Titel „Über die Verschiedenheit des menschlichen Sprachbaues und ihren Einfluss auf die geistige Entwickelung des Menschengeschlechts“ ist Humboldts fundamentales sprachphilosophisches Werk und sein größter Beitrag zur Philosophie. Als „Einleitung“ dient es ganz offensichtlich dazu, prinzipiell zu sagen, warum man so etwas wie das *Kawi-Werk* überhaupt schreiben muss, wieso man also eine – auch noch hochexotische – Sprache in ihrem „Organismus“ „systematisch“ untersuchen muss, nachdem man sie in ihren kulturellen Kontext eingebettet hat, und warum man diesen „Organismus“ mit anderen „Organismen“ vergleichen muss. Leibniz hatte geantwortet: „pour la connaissance de notre esprit et de la merveilleuse variété de ses opérations“ (Leibniz 1765: 293), „für die Erkenntnis unseres Geistes und der wunderbaren Vielfalt seiner Operationen“. Humboldt entfaltet genau diese Intuition Leibnizens in seiner in der *Kawi-Einleitung* ausgeführten Philosophie der Sprache.

Wenn, wie Peter Watson meint, die Universität „Humboldt‘s gift“ (an die Menschheit) ist, dann ist die hier ausgeführte Philosophie der Sprache „Humboldt‘s second gift“. Sie ist ein kostbares Geschenk, weil sie Sprache als Denken versteht und die Sprachen der Menschheit als Reichtum des menschlichen Geistes betrachtet.

4.2.1. Die Arbeit des Geistes

Humboldt kommt in der *Kawi-Einleitung* nicht mehr auf die kritische Intention seiner Sprachforschungen zu sprechen, auf die Kritik des Zeichens. Er nimmt jetzt ganz offensichtlich an, dass sich diese Auffassung der Sprache, die allen Geist tötet und das Leben verbannt, erledigt hat. Er kann daher voraussetzen, dass die Sprache der „Odem der Nation“ ist. Nach einem (je nach Auflage manchmal getilgten) ersten Paragraphen über die „malayischen“ (modern: austronesischen) Sprachen folgen in der *Kawi-Einleitung* in den §§

2 bis 7 Überlegungen zur Weltgeschichte, zu Zivilisation, Kultur und Bildung, zum Zusammenspiel von Individuum und Nation bis zu jenen berühmten Sätzen des § 7 über die innige Verbindung von Sprache und Geisteseigentümlichkeit eines Volkes:

> Die Sprache ist gleichsam die äußerliche Erscheinung des Geistes der Völker; ihre Sprache ist ihr Geist und ihr Geist ihre Sprache; man kann sich beide nie identisch genug denken. (VII: 42)

Wieso das so ist, wieso die Sprache die „Seele" der Nation ist, muss nun philosophisch begründet werden. Diese Begründung setzt im § 8 mit der berühmten Definition von Sprache als einer universalen Tätigkeit des Menschen ein:

> Die Sprache, in ihrem wirklichen Wesen aufgefasst, ist etwas beständig und in jedem Augenblicke Vorübergehendes. Selbst ihre Erhaltung durch die Schrift ist immer nur eine unvollständige, mumienartige Aufbewahrung, die es doch selbst erst wieder bedarf, dass man dabei den sinnlichen Vortrag zu versinnlichen sucht. Sie selbst ist kein Werk (*Ergon*), sondern eine Thätigkeit (*Energeia*). Ihre wahre Definition kann daher nur eine genetische seyn. Sie ist nemlich die sich ewig wiederholende Arbeit des Geistes, den articulirten Laut zum Ausdruck des Gedanken fähig zu machen. (VII: 45f.)

Das Energetische von Sprache wird von Anfang an so stark betont, weil die allgemein verbreitete Vorstellung von Sprache zu Humboldts Zeiten (wie auch oft heute noch) diejenige eines in Grammatik und Wörterbuch fixierten Buches ist. Gegen diese „Mumie" fasst Humboldt Sprache als eine lebendige Tätigkeit mit dem aristotelischen Begriff der *Energeia*. Diese Tätigkeit ist „Arbeit". Der Arbeiter ist der Geist. Die Tätigkeit ist als „Arbeit" offensichtlich mühevoll und schwer. Es geht darum, etwas Inneres, den Gedanken, nach außen zu befördern, im wahrsten Sinne des Wortes „auszudrücken". Das Innere ist der Gedanke, der zur Welt gebracht werden muss. Das geschieht durch die Bearbeitung eines (ziemlich immateriellen) Materials, des Atems (lateinisch *spiritus*). Dieser *spiritus*, also dieser sinnliche „Geist", der Laut, muss artikuliert werden. Hier werden nämlich nicht einfach Empfindungen ohne Bearbeitung ausgeatmet, es wird nicht gestöhnt oder geschrien. Das, was hier ausgedrückt wird, ist nicht die Empfindung, sondern der Gedanke, und dieser verlangt eine Bearbeitung der Stimme: Artikulation. Nun wird aber durch die Artikulation nicht etwas schon im Inneren Befindliches nach außen transportiert, sondern das Innere wird *in* der Tätigkeit der Artikulation *gleichzeitig* mitgeschaffen. Dafür steht die andere berühmte Metapher für die Sprache: „das bildende Organ des Gedanken":

> Die Sprache ist das bildende Organ des Gedanken. Die intellectuelle Thätigkeit, durchaus geistig, durchaus innerlich, und gewissermaßen spurlos vorübergehend, wird durch den Laut in der Rede äusserlich und wahrnehmbar für die Sinne. Sie und die Sprache sind daher Eins und unzertrennlich von einander. (VII: 53)

Zur näheren Beschreibung der Bildung des Gedankens in der Rede bemüht Humboldt die Systematik Kants, die er auch gleichzeitig transformiert. Nach der „Kritik der reinen Vernunft" bildet die Einbildungskraft in der Synthesis von Sinnlichkeit und Verstand „Schemata".[37] Humboldt beschreibt nun das Schematisieren ganz entschieden als *sprachliche* Tätigkeit. Bildung des Schemas ist Bildung des Wortes als Synthesis von „Tätigkeit der Sinne" und „innerer Handlung des Geistes":

> Subjective Thätigkeit bildet im Denken ein Object. [...] Die Thätigkeit der Sinne muss sich mit der inneren Handlung des Geistes synthetisch verbinden, und aus dieser Verbindung reißt sich die Vorstellung los, wird, der subjectiven Kraft gegenüber, zum Object, und kehrt, als solches aufs neue wahrgenommen, in jene zurück. Hierzu aber ist die *Sprache* unentbehrlich. Denn indem in ihr das geistige Streben sich Bahn durch die Lippen bricht, kehrt das Erzeugniss desselben zum eignen Ohre zurück. (VII: 55)

Humboldt ergänzt und präzisiert die kantische Vorlage des Schematismus der Einbildungskraft in mehreren Hinsichten, die von der

Sprache nahegelegt werden: Die Produktion des Gedanken ist eine Synthese von Vorstellung und *Laut*, der Gedanke ist also immer entäußert, modern gesagt: Denken ist verkörpert, und zwar in Produktionen der Stimme, es bricht sich Bahn durch die Lippen. Diese Entäußerungen, „Objekte", müssen ihrerseits wieder wahrgenommen und mit einer inneren Handlung verbunden werden. Das Wort muss vom Sprecher selbst gehört werden. Diese Propriozeption des Wort-Gedankens durch das *Ohr* des Sprechers ist eine entscheidende und wichtige Einsicht in der europäischen Sprachreflexion.

4.2.2. Der unabänderliche Dualismus

Bis hierher ist Sprache nur als komplexes Ensemble synthetischer Tätigkeiten des Subjekts beschrieben (Synthesis Sinne–Verstand, Synthesis Vorstellung–Laut, Synthesis Laut–Gehör): „Ohne daher irgend auf die Mittheilung zwischen Menschen und Menschen zu sehn, ist das Sprechen eine nothwendige Bedingung des Denkens des Einzelnen in abgeschlossener Einsamkeit" (VII: 55). Die Produktion des Gedanken ist damit aber noch nicht abschließend erfasst. Sie ist nämlich auch immer eine gemeinsame, sie findet immer in der Sphäre von Ich und Du statt: Du musst mich hören, und Du musst mein Wort verstehen, und Du musst es erneut produzieren. Die Erzeugung des Gedankens ist erst vollendet, „wenn das selbstgebildete Wort aus fremdem Munde wiedertönt" (VII: 56). Es geht dabei aber nicht um Kommunikation, „die Mittheilung zwischen Menschen und Menschen", sondern um die gemeinschaftliche Erzeugung des Denkens im Wir, im Miteinander.[38] Dies ist uns schon in der Schrift über die Universität begegnet, wo Wissenschaft als eine gemeinsame Produktion des Denkens in Einsamkeit und im Zusammenwirken mit Anderen dargestellt wurde.

In der *Kawi-Einleitung* hält Humboldt seine Überlegungen zu Ich und Du relativ kurz. Er hatte sie in der Akademie-Rede über den Dualis (1827) etwas breiter ausgeführt. Dort macht er auch explizit deutlich, dass es sich bei diesem Theorie-Element um die sprachphilosophische Transformation seiner Überlegungen zur Sexualität handelt. Mehr als dreißig Jahre nach Kants Verdammungsurteil des *Horen*-Aufsatzes über den Geschlechtsunterschied wagt es Humboldt also endlich, diesen noch einmal als anthropologische Grundlage der Sprache und des Denkens zu evozieren:

> Der in seiner allgemeinsten und geistigsten Gestaltung aufgefasste Geschlechtsunterschied führt das Bewusstseyn einer, nur durch gegenseitige Ergänzung zu heilenden Einseitigkeit durch alle Beziehungen des menschlichen Denkens und Empfindens hindurch. (VI: 25).

Die Produktion des Gedanken durch das Zusammenspiel von Tätigkeit der Sinne und innerer Handlung im Ich und im Du basiert auf dem „unabänderlichen Dualismus“ der Sprache (VI: 26), der sich letztlich dem Geschlechtsunterschied verdankt. Denn:

> Schon das Denken ist wesentlich von Neigung zu gesellschaftlichem Daseyn begleitet, und der Mensch sehnt sich, abgesehen von allen körperlichen und Empfindungs-Beziehungen, auch zum Behuf seines blossen Denkens nach einem dem Ich entsprechenden Du. (VI: 26)

Das Denken „heilt“ also die Einseitigkeit des Ich, das Sehnen nach dem Anderen, im Sprechen. Sofern Humboldt sich hier auf die Grundfigur seines Denkens bezieht, der „Wechselwirkung“ der Geschlechter, die er 1795 in den *Horen*-Aufsätzen entwickelt hatte, ist der „unabänderliche Dualismus“ sozusagen der tiefste Gedanke der reifen Sprachphilosophie, der Grund, auf dem die Sprache und ihre „Arbeit“, die Bildung des Gedanken, beruht.

In seinem kleinen Artikel über die Sprache, „Über Denken und Sprechen“ von 1795, hatte Humboldt die Funktion der Sprache als „Verstehen durch Mitdenken“ (GS VII, 583) bezeichnet. Humboldt entfaltet nun, was das heißen soll: Auch das Verstehen ist sprachliche Produktion des Denkens. Sprechen ist nicht Übergeben eines Stoffes, also Transport eines fertigen Inhalts in einen – passiv rezipierenden – Anderen, sondern der Andere muss den Gedanken erneut schaffen und diesen dann auch erneut „durch die Lippen brechen“. Weil diese miteinander verschränkten Gedanken-Produktions-Vorgänge jeweils individuell geschehen, ist der produzierte Gedanke nie völlig identisch bei mir und bei dir: „Alles Verstehen ist daher immer zugleich ein Nicht-Verstehen, alle Über-

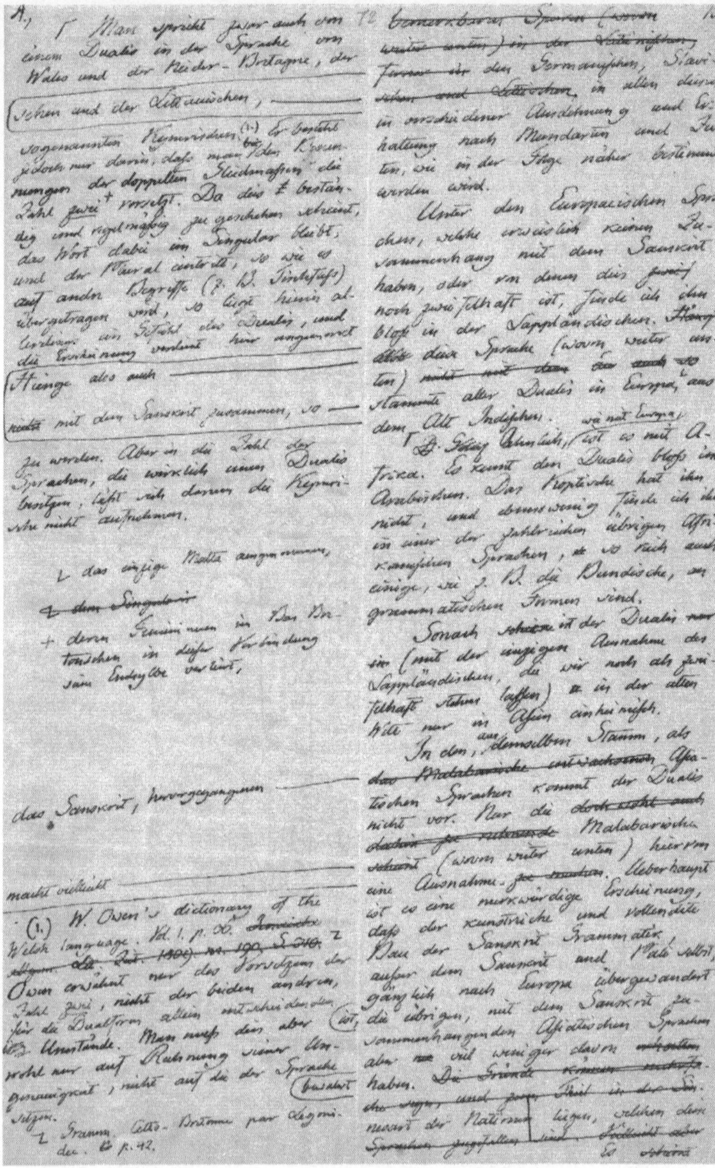

Abb. 13: Humboldts Handschrift: Ueber den Dualis

einstimmung in Gedanken und Gefühlen zugleich ein Auseinandergehen“ (VII: 64f.).

4.2.3. Weltansichten

Die Individualität der sprechend-denkenden Menschen führt eine besondere „Weltansicht“ mit sich. Man kann „jede menschliche Individualität als einen eignen Standpunkt der Weltansicht betrachten“ (VII: 60). „Weltansicht“ findet sich aber nicht nur auf der Ebene des Einzelnen, sondern auch auf der Ebene der Sprache einer Nation, ja gerade auf dieser Ebene wird der Ausdruck ein für Humboldts Sprachphilosophie besonders prägender : „[...] da auch auf die Sprache in derselben Nation eine gleichartige Subjectivität einwirkt, so liegt in jeder Sprache eine eigenthümliche Weltansicht“ (VII: 60). Was damit gemeint ist, erläutert der Fortgang der Stelle:

> Wie der einzelne Laut zwischen den Gegenstand und den Menschen, so tritt die ganze Sprache zwischen ihn und die innerlich und äußerlich auf ihn einwirkende Natur. [...] Der Mensch lebt mit den Gegenständen hauptsächlich, ja, da Empfinden und Handeln in ihm von seinen Vorstellungen abhängen, sogar ausschließlich so, wie die Sprache sie ihm zuführt. Durch denselben Act, vermöge dessen er die Sprache aus sich herausspinnt, spinnt er sich in dieselbe ein, und jede zieht um das Volk, welchem sie angehört einen Kreis, aus dem es nur insofern hinauszugehen möglich ist, als man zugleich in den Kreis einer andren hinübertritt. (VII: 60)

Die „Weltansicht“ erscheint an dieser berühmten Stelle nicht nur als „subjektiver“ Zugriff auf die Welt, sondern geradezu auch noch wie das geistige Gefängnis einer Sprachgemeinschaft. Die Sprache schließt anscheinend das Volk in den Kreis seiner „Weltansicht“ ein. Man kann dem Kreis der einen Sprache durch den Übertritt in einen anderen Kreis entkommen. Wir sind dann allerdings weiterhin im Kreis einer bestimmten Sprache eingeschlossen.

Die Frage stellt sich, wie man sich diese „Abhängigkeit“ des Denkens von der „eigenthümlichen Weltansicht“ vorstellen muss.

Denkt ein Sprecher des Französischen so anders, dass ein Sprecher des Deutschen geistig nichts mit ihm gemeinsam hat, ihn nicht mehr versteht? Ist seine „Ansicht“ von der Welt inkommensurabel mit meiner? Während Humboldt in der ersten Akademierede vorsichtig sagte, dass das Denken „bis auf einen gewissen Grad“ von jeder einzelnen bestimmten Sprache abhängig sei (IV: 21), scheint es hier völlig eingeschlossen in den Kreis einer Sprache. Diese Konsequenz hat ein radikaler Sprachdeterminismus aus dieser Humboldt-Stelle gezogen. Du kannst mich nicht verstehen, weil Du französisch (russisch, arabisch etc. etc.) sprichst und denkst. Unsere Sprachen setzen unserem Denken Grenzen.

Aber was müssen wir uns denn unter sprachlicher „Weltansicht“ vorstellen? Gemeint ist damit nicht eine bestimmte „Weltanschauung“, also ein Ensemble ideologischer Behauptungen, wie sie etwa das kommunistische, das christliche, das feministische Aussagen-System enthalten. Die Sprachen sagen nämlich gar nichts aus, sie machen keine Behauptungen. Sie „gliedern“ nur die Welt in bestimmte „Portionen“ des Denkens, die ein semantisches Ensemble von Einheiten und Kategorien bilden. Sprachen artikulieren die Welt und „geben“ uns damit die Welt auf eine bestimmte, von Sprache zu Sprache unterschiedliche Art und Weise. Um dies an einfachen Beispielen zu erläutern (Ähnliches ist uns allen geläufig, wenn wir je eine andere Sprache gelernt haben), so unterscheidet man im französischen Wortschatz zwischen zwei Arten des Neuen: *neuf* und *nouveau*, die wir im Deutschen lexikalisch nicht unterscheiden: *neuf* ist „materiell neu“ und *nouveau* ist „epistemisch neu, bisher noch nicht bekannt“. Im Englischen muss ein Verbalgeschehen immer in eine der beiden Verbformen eingeordnet werden, progressive form oder simple form: *she is singing* oder *she sings*. Hier differenziert das Deutsche nicht mit verschiedenen Verbformen. Das Englische artikuliert Verbalität also anders als das Deutsche. In der Tat „denkt“ also ein Englischsprechender an dieser Stelle anders. Aber das heißt nicht, dass ein Deutschsprechender die entsprechenden französischen oder englischen Bedeutungen in seiner Sprache nicht „denken“ könnte. Wir können sie mit anderen Mitteln auch in unserer Sprache nachbilden, oder wir können sie dem Kontext überlassen, sie sozusagen hinzudenken. Nur in der Tat: unsere Sprache „denkt“ die englischen oder französischen Bedeutungen nicht.

4.2.4. Sprachlicher Relativismus

Die Auffassung von den Sprachen als „Weltansichten“ ist sicher das erfolgreichste Theorie-Element von Humboldts Sprachreflexion, aber auch das missverständlichste. Einerseits feiert die „Weltansicht“ die schöne Verschiedenheit der Sprache, also den geistigen Reichtum des Sprachdenkens. Andererseits aber vertieft sie anscheinend in der Formulierung, dass sich der Mensch in die eigentümliche Weltansicht „einspinne“ (VII: 60), die Abhängigkeit des Denkens von der Einzelsprache. Der sogenannte sprachliche Relativismus scheint sich auf Humboldt zu beziehen, wenn er eine Determinierung des Denkens durch die Einzelsprachen annimmt,[39] wenn er die Sprachen für bestimmte Formen und Grenzen des Denkens verantwortlich macht und damit Skepsis über sprachunabhängiges und universelles Denken verbreitet. So könnten nach einem berühmten Beispiel von Benjamin Lee Whorf (1956) die Sprecher des Hopi die Kategorie „Zeit“ nicht oder nur schwer denken, weil diese Sprache über keine grammatischen Mittel zum Ausdruck von Zeit verfüge. Aber es ist inzwischen vielfach nachgewiesen worden, dass die Hopi „Zeit“ denken, nur nicht in Verbformen, sondern mit anderen sprachlichen Mitteln.

Humboldts Formulierungen zu den „Weltansichten“ sind durchaus „relativistisch“. Das ist gerade ihre Pointe. Sie plädieren ja für die wunderbare Vielfalt der Operationen des menschlichen Geistes. Die Weltansichten sind aber keine Gefängnisse des Geistes, die Macht der Sprache ist durchaus begrenzt. Es gibt nämlich Ausgänge aus dem relativistischen Kokon: Der eine führt zum Individuum, der andere zur menschlichen Gattung. Das individuelle Sprechen geht immer über die Sprache hinaus mit neuen Weltbezügen und individuellen Vorstellungen. Die individuelle Sprechtätigkeit schafft die Sprache jeweils neu und transformiert sie solchermaßen mit ihrer „Gewalt“: „In der Art, wie sich die Sprache in jedem Individuum modificirt, offenbart sich, ihrer im Vorigen dargestellten Macht gegenüber, eine Gewalt des Menschen über sie“ (VII: 65). Sprache füllt auch nicht das ganze Denken des Menschen aus. Humboldt diskutiert einmal am Beispiel des Chinesischen, wie dessen Struktur auf das Denken wirkt, und fasst seine diesbezüglichen Überlegungen folgendermaßen zusammen:

> Allein der Mensch unterscheidet doch den Gedanken vom Wort, und geht, woraus alle innere Spracherweiterung entspringt, häufig über die Begränzung der in jedem Augenblick gegebenen Sprache hinaus. (V 323)

Den partikularen „Weltansichten" der Einzelsprachen liegt außerdem eine universelle Denkfähigkeit zugrunde. Die spezifischen Sprachstrukturen ruhen nach Humboldt auf „allgemeinen Gesetzen" des Denkens: Der „intellektuelle Teil" der Sprache „ist daher in seiner ursprünglichen Richtung [...] in allen Menschen, als solchen, gleich" (VII: 52). Hinsichtlich der Annahme universeller Denkgesetze des Menschen stimmt Humboldt also sogar mit der antirelativistischen, universalistischen Linguistik Noam Chomskys überein. Die frühere und vorsichtigere Formulierung gibt daher die Einschätzung der Weltansichten präziser wieder, nämlich dass das Denken nur „bis auf einen gewissen Grad" (IV: 41) von einer bestimmten Sprache abhängt. Hier verwendet Humboldt auch die vorsichtige Metapher von der „Farbe", die eine Sprache dem Denken gebe (IV: 23). Nachdem die radikal universalistische Sprachwissenschaft als Protest gegen den Whorfschen Sprach-Determinismus jeden Einfluss der Sprache auf das Denken laut schreiend abgelehnt hatte („it is wrong, all wrong", Pinker 1994: 57), hat die kognitive Sprachwissenschaft heute durchaus einen „gewissen" Einfluss einzelsprachlicher Strukturen auf das Denken der Menschen nachgewiesen. Deutschers (2010) einschlägiges Buch nimmt Humboldts Metapher von der „Färbung" des Denkens durch die Sprache auf: *How words colour your world*.[40]

4.2.5. Die Würde der Sprachen

In der Linguistik sind hauptsächlich die an die philosophischen Kapitel anschließenden, mehr grammatischen Kapitel der *Kawi-Einleitung* diskutiert worden: Nachdem Humboldt die „allgemeinsten Grundzüge" der Sprache dargelegt hat oder „ihre Definition ausführlicher entwickelt" hat (VII: 97), verfolgt er in den § 13 bis 19 zwei allgemeine Aspekte des Verfahrens der Sprache, nämlich die „Bezeichnung der Begriffe" und die „Verknüpfung des Gedanken im Satze“ (VII: 98). Vor allem das letztere wird dann als der wichtigste Beitrag Humboldts zur allgemeinen Sprachwissenschaft angesehen. Ich deute dies hier nur kurz an. Humboldt unterscheidet drei Verfahren, „wie die Sprachen den Satz aus Wörtern zusammenfügen“, nämlich 1. „das sorgfältige grammatische Zurichten des Wortes zur Satzverknüpfung“ (Flexion), 2. „die ganz indirecte und größtentheils lautlose Andeutung derselben“ (Isolierung), und 3. „das enge Zusammenhalten des ganzen Satzes, soviel es immer möglich ist, in Einer zusammen ausgesprochenen Form“ (Einverleibung) (VII: 144). Das Sanskrit, das Chinesische und das Mexikanische (Nahuatl) repräsentieren jeweils diese drei Verfahren, die Humboldt in langen Analysen durchspielt. Sie werden in der Linguistik dann als Grundlagen einer Typologie von Sprachen rezipiert.[41]

Wir haben schon öfter gesehen, dass bei allen Prozessen von Verbindungen, die Humboldt analysiert, immer das Verfahren der Synthesis den Vorzug genießt, da es der erotischen Beziehung entspricht, wie sie der universelle Geschlechtsunterschied in Gang setzt. Das synthetische Verfahren der Flexion ist daher für Humboldt das „vollkommenere“ sprachliche Verfahren. Dieser Versuch, Sprache mit „vollkommenem“ und „weniger vollkommenem“ Sprachbau zu unterscheiden, wird heute aber als verfehlt angesehen. Die Linguistik erkennt keinen Maßstab für die „Vollkommenheit von Sprachen“ mehr an. Keine Sprache ist besser als die andere, Sprachen sind einfach nur verschieden. Für die Einschätzung der Humboldtschen „Sprachbewertung“ ist es aber wichtig zu wissen, dass bei aller Präferenz der Flexion die auf den verschiedenen Verfahren basierende Qualifizierung keine Rangordnung ihrer Kostbarkeit impliziert:

> Ein Verdammungsurtheil über irgend eine Sprache, auch der rohesten Wilden, zu fällen, kann niemand entfernter sein als ich. Ich würde ein solches nicht bloß als die Menschheit in ihren eigenthümlichsten Anlagen entwürdigend ansehen, sondern auch als unverträglich mit jeder durch Nachdenken und Erfahrung von der Sprache gegebenen richtigen Ansicht. Denn jede Sprache bleibt immer ein Abbild jener ursprünglichen Anlage zur Sprache überhaupt. (VII: 256)

Von Anfang an hat Humboldt alle Sprachen der Welt als kostbare Produktionen des menschlichen Geistes betrachtet. Das ist seine Haupt-Botschaft gegen die in Europa vorwaltende Meinung, dass die Sprachen der „Wilden“ weniger wertvolle Gebilde seien. Die Sprach-Politik Europas im Inneren der Nationen sowie in der Beziehung mit den außereuropäischen Völkern basierte klassischerweise auf der Verachtung „niedriger“ Sprachen, mit zerstörerischer Wirkung: Die Französische Republik zum Beispiel vernichtete systematisch die vermeintlich weniger aufgeklärten Sprachen auf ihrem Territorium, auf dem allein das Französische herrschen sollte; alle europäischen Kolonialmächte haben die Sprachen der eroberten Völker unterdrückt, weil sie von deren Unwert überzeugt waren; und auch die aktuelle Erniedrigung der Sprachen der Welt auf Kosten des globalen Englisch basiert auf der Nichtachtung der Sprachen als kostbarer „Weltansichten“. Die Sprachen der Welt in ihrer Mannigfaltigkeit als einen Reichtum der Welt zu schätzen ist demgegenüber gerade die hauptsächliche humanistische Botschaft Humboldtscher Sprachbetrachtung, von Anfang an. Er schreibt schon 1801:

> Durch die Mannigfaltigkeit der Sprachen wächst unmittelbar für uns der Reichthum der Welt und die Mannigfaltigkeit dessen, was wir in ihr erkennen; es erweitert sich zugleich dadurch für uns der Umfang des Menschendaseyns, und neue Arten zu denken und zu empfinden stehen in bestimmten und wirklichen Charakteren vor uns. [...] Das Studium der Sprachen des Erdbodens ist also die Weltgeschichte der Gedanken und Empfindungen der Menschheit. (VII: 602f.)

4.2.6. Charakter der Sprachen

Man hat in der Sprachwissenschaft einen Zug des Humboldtschen Sprachdenkens zu wenig bedacht, auf den sein ganzes Projekt hinausläuft: den Charakter der Sprachen. Der „Charakter“ war von Anfang an das Ziel seiner Anthropologie: der Charakter der Nation, der Charakter der Epoche, der Charakter der Dichtung Goethes und Schillers. Die strukturellen Züge (Bau), die er so ausführlich diskutiert, sind noch nicht das letzte Ziel der Sprachbeschreibung. Das Kapitel, auf das die *Kawi-Einleitung* hinausläuft, § 20, hat den Titel „Charakter der Sprachen". Es ist, auch wenn das Buch noch weitergeht, der eigentliche Höhepunkt und der Schluss des Werks:

> Mit dem grammatischen Baue, wie wir ihn im Ganzen und Großen betrachtet haben, und der äußerlichen Structur der Sprache überhaupt ist jedoch ihr Wesen bei weitem nicht erschöpft, und ihr eigentlicher und wahrer Character beruht noch auf etwas viel Feinerem, tiefer Verborgenem und der Zergliederung weniger Zugänglichem. (VII: 165).

Dieses Verborgene, das den Charakter formt, ist der literarische Gebrauch der Sprache: „Ihren Charakter entwickelt die Sprache vorzugsweise in den Perioden ihrer Litteratur" (VII: 168). Daher schreibt er die herrlichen Seiten über antike Poesie und Prosa, die Boeckh im Juli 1835 in der Akademie als das Vermächtnis Humboldts vorliest. Humboldt fasst aber auch moderne Textproduktion ins Auge. So lobt er zum Beispiel die Prosa Kants oder seines Bruders Alexander (VII: 201). Deutlich denkt Humboldt beim „Gebrauch" an „hohe" Literatur. Das heißt wir begegnen hier noch einmal dem für Humboldt charakteristischen Zug seiner Anthropologie: Humboldtsche Anthropologie interessiert sich für die höchste Entfaltung der menschlichen Möglichkeiten, nicht für irgendwelche „primitiven" Zustände. Erst in einer literarisch differenzierten Sprachwelt entfaltet sich der Charakter der Sprache und damit der Charakter der Nation, den Humboldt von Anfang an zu begreifen sucht und den er seit Rom in der Sprache als ihrem „Odem" findet:

> Dadurch nun erhalten die Sprachen, welche die Werkzeuge dieser Entwicklung sind, selbst einen so bestimmten Charakter, dass der der Nation besser an ihnen, als an den Sitten, Gewohnheiten und Thaten jener, erkannt werden kann. (VII: 171)

Das Kapitel über den Gebrauch der Sprache schließt den Kreis zum philosophischen Anfang der *Kawi-Einleitung*, an dem Sprache wesentlich als Rede, als Tätigkeit, als *Energeia* bestimmt wurde. Aus

Humboldts Betonung der Priorität der konkreten Sprechtätigkeit ergibt sich notwendigerweise die Verbindung von Text-Untersuchungen und Struktur-Untersuchungen, von „Philologie" und „Linguistik", als zwei sich ergänzenden „Richtungen des Sprachstudiums" (VII: 174). Humboldtsche Sprachwissenschaft wäre notwendigerweise eine, die diese Verbindung zwischen Struktur und Gebrauch nicht abreißen ließe.[42] Auch wenn es angesichts des totalen Auseinanderdriftens von Literaturwissenschaft und Sprachwissenschaft heute geradezu lächerlich erscheint, die beiden sprachthematisierenden Disziplinen noch zusammen zu denken, so wäre dennoch gerade in der Verbindung dieser beiden „Richtungen" das Erbe einer echt Humboldtschen Sprachwissenschaft zu sehen. Das ist aber wohl eher eine Flaschenpost an eine Linguistik der Zukunft als eine derzeit aktuelle Perspektive.

4.3. Fazit

Humboldt schreibt am Ende des „Geschichtschreibers":

> Jede menschliche Individualität ist eine in der Erscheinung wurzelnde Idee, und aus einigen leuchtet diese so strahlend hervor, dass sie die Form des Individuums nur angenommen zu haben scheint, um in ihr sich selbst zu offenbaren. (IV: 54)

Wenn das wahr ist, dann ergibt sich am Ende unseres „Porträts" das Fazit, dass es die Idee der Sprache ist, die sich in Wilhelm von Humboldt offenbart.

5. ... und Alexander

Die Erinnerung an die Brüder Humboldt ist in jüngster Vergangenheit durch einen höchst erfolgreichen Roman bleibend beschädigt worden.[43] Sie erscheinen dort als preußische Karikaturen. Der eine betritt in „tadellos preußischer Uniform" den amerikanischen Kontinent, dessen Wälder er durchstreift und dessen Berge er erklimmt, manisch irgendetwas messend, der andere tritt gefühlsarm und kalt der Welt und seinem Bruder gegenüber, den er sogar zu ermorden versucht. Amüsant, aber entfernt von der historischen Wahrheit. Das Gedenken zu den 250-Jahr-Feiern der beiden Brüder 2017 und 2019 hat allerdings gezeigt, dass die positive Erinnerung überwiegt, auch wenn die Monumente der beiden großen Brüder mit hässlichen Graffiti besprüht worden sind.

Ich habe mein Porträt ganz auf Wilhelm von Humboldt abgestellt und dabei den Bruder Alexander und Caroline, seine Frau, fast völlig ausgeblendet. Dabei waren diese beiden Menschen die wichtigsten Bezugspersonen Wilhelms und ohne diese beiden ist seine „Bildung" nicht zu verstehen, die ja, wie wir wissen, sich nur durch „Verbindung mit andren" (I: 107) vollendet. Gerade angesichts der tiefen und grundlegenden Präsenz der Liebesfigur im Fühlen und Denken Humboldts trägt vor allem die geliebte Caroline zu Wilhelms Bildung bei. Aber auch der brüderliche Andere ist immer in gegenseitiger Zuneigung präsent. Die beiden Brüder sind in ihrem Leben oft voneinander getrennt gewesen. Sie haben aber auch lange Zeiten miteinander oder nahe beieinander gelebt, zunächst in der Kindheit und Jugend bis zu ihren Universitätsjahren und dann wieder am Ende des Lebens, ab 1827 bis zu Wilhelms Tod 1835, in Berlin. Und in den Jahren ihrer Bewegungen und Reisen treffen sie sich immer wieder an verschiedenen Orten in Europa, in Jena, in Paris, in Rom, in Wien, in London. Ihre wissenschaftlichen Gegenstände, *Kosmos* und *Anthropos*, stehen nicht gegeneinander, sondern komplementär zueinander. Daher haben beide Brüder die Arbeiten des anderen intensiv wahrgenommen und auch auf dem Gebiet des anderen gearbeitet. Wilhelm hat in Jena naturwissenschaftlich experimentiert, und die Naturbeschreibungen in seinem Basken-Buch sind durchaus mit den amerikanischen „Naturgemälden" seines Bruders vergleichbar. Der sprachbegabte Alexander hat in vielen

Sprachen gelebt und geschrieben. Er hat bei seinen Reisen immer auch Wörter und Sprachmaterialien gesammelt. Weil Wilhelm nicht geliefert hat, hat er in seinem Reisewerk die linguistische Analyse einer Indianersprache (Chaymas) selbst geschrieben. In den *Vues des Cordillères* hat er grandiose Beschreibungen indianischer Kulturdenkmäler geliefert. Der größte Überschneidungsbereich ist das Politische. Als Sektionschef, Gesandter und Minister war Wilhelm beruflich ein politischer Akteur, der von Amts wegen zur Gestaltung des Politischen in Preußen, Deutschland und Europa beigetragen hat. Alexander hat mit seinen politisch-ökonomischen Analysen von Cuba und Mexiko ganz entschieden zur Überwindung des spanischen Kolonialreichs beigetragen. Auch wenn Alexander, verglichen mit seinem reformistischen, „deutschen" Bruder, eher „französisch", also demokratisch-fortschrittlich gesinnt war, so stimmten die Brüder doch in ihrer tiefsten politischen Überzeugung überein. Daher zitiert Alexander im *Kosmos,* dessen erster Band mit der Betrachtung des Menschen und seiner Position in Natur und Geist endet, die folgende Passage seines Bruders als ihre gemeinsame kosmo-politische Botschaft:

> Wenn es eine Idee giebt, die durch die ganze Geschichte hindurch in immer mehr erweiterter Geltung sichtbar ist, wenn irgendeine die vielfach bestrittene, aber noch vielfacher misverstandene Vervollkommnung des ganzen Geschlechts beweist, so ist es die der Menschlichkeit, das Bestreben, die Gränzen, welche Vorurtheile und einseitige Ansichten aller Art feindselig zwischen die Menschen stellen, aufzuheben, und die gesammte Menschheit, ohne Rücksicht auf Religion, Nation und Farbe, als Einen grossen, nahe verbrüderten Stamm, als eine zur Erreichung Eines Zweckes, der freien Entwicklung innerlicher Kraft, bestehendes Ganzes zu behandeln. (VI: 38, bei Alexander von Humboldt 1849/2004: 187)

Abb. 14: Wilhelm von Humboldt
Lithographie von Franz Krüger 1846

Bibliographie

Adelung, Johann Christoph / Vater, Johann Severin
1806-17: *Mithridates oder allgemeine Sprachenkunde mit dem Vater Unser als Sprachprobe in bey nahe fünfhundert Sprachen und Mundarten*. 4 Teile. Berlin: Vossische Buchhandlung (Nachdruck Hildesheim: Olms 1970).
Aristoteles
1962: *The Categories. On Interpretation. Prior Analytics*. London: Heinemann / Cambridge, Mass.: Harvard University Press (Loeb's Classics).
Bacon, Francis:
(1620) *Neues Organon* (Hrsg. Wolfgang Krohn). Darmstadt: Wiss. Buchgesellschaft 1990.
Berghahn, Cord (Hrsg.)
2020: *Wilhelm von Humboldt-Handbuch*. Stuttgart: Metzler.
Berglar, Peter
1970: *Wilhelm von Humboldt in Selbstzeugnissen und Bilddokumenten*. Reinbek bei Hamburg: Rowohlt.
Boeckh, August
1835: Etwas über Wilhelm von Humboldt, gesprochen in der öffentlichen Sitzung der k. Preußischen Akademie der Wissenschaften am 9. Juli 1835. In: *Literarischer Zodiacus. Journal für Zeit und Leben, Wissenschaft und Kunst* 1835. Juli bis Dezember: 165-170.
Bopp, Franz
1824: *Ausführliches Lehrgebäude der Sanskrita-Sprache.* Berlin: Dümmler.
Borsche, Tilman
1990: *Wilhelm von Humboldt*. München: Beck.
Cacciatore, Giuseppe
2018: Humboldt und Dilthey. Die philosophische Begründung der Individualität und das Entstehen des geschichtlichen Bewusstseins. In: Trabant (Hrsg.) 2018: 83-100.
Deutscher, Guy
2010: *Through the Language Glass. How Words Colour Your World*. London: Heinimann.

Di Cesare, Donatella
2012: Die Sprache als Paradigma der kommenden Gemeinschaft. Über Humboldt in der Zukunft. In: Tintemann/Trabant (Hrsg.): 161-169.
Dove, Alfred
1881: Wilhelm von Humboldt. In: *Allgemeine Deutsche Biographie*. Bd. 13: 338-358.
Fontane, Theodor
1968: *Werke in drei Bänden* (Hrsg. Kurt Schreinert). München: Nymphenburger Verlagshandlung.
Freese, Rudolf (Hrsg.)
1986: *Wilhelm von Humboldt. Sein Leben und Wirken, dargestellt in Briefen, Tagebüchern und Dokumenten seiner Zeit*. Darmstadt: Wiss. Buchgesellschaft.
Gall, Lothar
2011: *Wilhelm von Humboldt. Ein Preuße von Welt.* Berlin: Propyläen.
Gebhardt, Bruno
1896/99: *Wilhelm von Humboldt als Staatsmann.* 2 Bde. Stuttgart: Cotta.
Geier, Manfred
2009: *Die Brüder Humboldt. Eine Biographie*. Reinbek bei Hamburg: Rowohlt.
Harari, Yuval Noah
2014: *Sapiens. A Brief History of Humankind*. London: Vintage.
Haym, Rudolf
1856: *Wilhelm von Humboldt. Lebensbild und Charakteristik*. Berlin: Gaertner.
Hegel, Georg Wilhelm Friedrich
(1827): Über die unter dem Namen Bhagavad-Gita bekannte Episode des Mahabharata. Von Wilhelm von Humboldt. In: *Werke in zwanzig Bänden.* Bd. 11. Frankfurt am Main: Suhrkamp 1970: 131-204.
Herder, Johann Gottfried
(1772): *Abhandlung über den Ursprung der Sprache* (Hrsg. Wolfgang Proß). München: Hanser 1978.
Humboldt, Alexander von
(1849): *Kosmos. Entwurf einer physischen Weltbeschreibung* (Hrsg. Ottmar Ette / Oliver Lubrich). Frankfurt am Main: Eichborn 2004.

Humboldt, Wilhelm von
1799: *Über Göthe's Herrmann und Dorothea*, Braunschweig: Vieweg.
1816: *Aeschylos Agamemnon metrisch übersetzt von Wilhelm von Humboldt*. Leipzig: Fleischer.
1821: *Prüfung der Untersuchungen über die Urbewohner Hispaniens vermittelst der Vaskischen Sprache*. Berlin: Dümmler.
1836-39: *Über die Kawi-Sprache auf der Insel Java*. 3 Bde. Berlin: Druckerei der Königl. Akademie.
1903-36: *Gesammelte Schriften*. 17 Bde. (Hrsg. Albert Leitzmann u.a.). Berlin: Behr.
1960-81: *Werke in fünf Bänden* (Hrsg. Andreas Flitner / Klaus Giel). Darmstadt: Wiss. Buchgesellschaft.
1994-2017: *Schriften zur Sprachwissenschaft.* Bisher 10 Bde. (Hrsg. Tilman Borsche, Bernhard Hurch, Jürgen Trabant, Gordon Whittaker). Paderborn: Schöningh.
1998: *Über die Verschiedenheit des menschlichen Sprachbaues und ihren Einfluß auf die geistige Entwicklung des Menschengeschlechts* (Hrsg. Donatella Di Cesare). Paderborn: Schöningh.
Hurch, Bernhard (Hrsg.)
2010: Wilhelm von Humboldt: *Schriften zur Anthropologie der Basken*. Paderborn: Schöningh.
2012: Wilhelm von Humboldt: *Baskische Wortstudien und Grammatik*. Paderborn: Schöningh.
Kaehler, Siegfried
(1927): *Wilhelm von Humboldt und der Staat. Ein Beitrag zur Geschichte deutscher Lebensgestaltung um 1800*. [2]Göttingen 1963: Vandenhoeck & Ruprecht.
Kant, Immanuel
1956: *Kritik der reinen Vernunft* (Hrsg. Raymund Schmidt). Hamburg: Meiner.
Kehlmann, Daniel
2005: *Die Vermessung der Welt*. Reinbek bei Hamburg: Rowohlt.
Leibniz, Gottfried Wilhelm
1710: Brevis designatio meditationum de Originibus Gentium, ductis potissimum ex indicio linguarum. In: *Miscellanea Berolinensia ad incrementum scientiarium*. Berlin: Johan. Christ. Papenii: 1-16.
(1765): *Nouveaux essais sur l'entendement humain* (Hrsg. Jacques Brunschwig). Paris: Garnier-Flammarion 1966.

Leitzmann, Albert
1919: *Wilhelm von Humboldt. Charakteristik und Lebensbild*. Halle: Niemeyer.
Liebrucks, Bruno
1965: *Sprache und Bewusstsein*. Bd. 2. *Wilhelm von Humboldt.* Frankfurt am Main. Akad. Verlags-Gesellschaft.
Lindorfer, Bettina / Trabant, Jürgen (Hrsg.)
2017: Wilhelm von Humboldt: *Von den Sprachen Amerikas zum allgemeinen Typus der Sprache*. Paderborn: Schöningh.
Lübbe, Hermann
1980: Wilhelm von Humboldt und die Berliner Museumsgründung von 1830. In: *Deutsche Vierteljahresschrift für Literaturwissenschaft und Geistesgeschichte* 54: 656-676.
Markschies, Christoph
2018: Humboldts pagane Antike. In: Trabant (Hrsg.) 2018: 15-26.
Mattig, Ruprecht
2019: *Wilhelm von Humboldt als Ethnograph. Bildungsforschung im Zeitalter der Aufklärung*. Weinheim/Basel: Beltz Juventa.
Menze, Clemens
1965: *Wilhelm von Humboldts Lehre und Bild vom Menschen*. Ratingen: Henn.
Messling, Markus
2008: *Pariser Orientlektüren. Zu Wilhelm von Humboldts Theorie der Schrift*. Paderborn: Schöningh.
Müller-Vollmer, Kurt
1967: *Poesie und Einbildungskraft. Zur Dichtungstheorie Wilhelm von Humboldts*. Stuttgart: Metzler.
Mueller-Vollmer, Kurt (Hrsg.)
1985: *The Hermeneutics Reader. Texts of the German Tradition from the Enlightenment to the Present*. New York: Continuum.
Osterkamp, Ernst
2018: Gesamtbildung und freier Genuss. Wechselwirkungen zwischen Goethe und Wilhelm von Humboldt. In: Trabant (Hrsg.) 2018: 57-79.
Pinker, Steven
1994: *The Language Instinct. The New Science of Language and Mind.* New York: Morrow.

Rave, Paul Ortwin
1979: *Wilhelm von Humboldt und das Schloss zu Tegel*. Berlin: Hartmann.
Renan, Ernest
(1882): Qu'est-ce qu'une nation? In: *Discours et conférences*. Paris: Calmann Lévy 1887: 277-310.
Rosenstrauch, Hazel
2009: *Wahlverwandt und ebenbürtig. Caroline und Wilhelm von Humboldt*. Frankfurt am Main: Eichborn.
Schlegel, Friedrich
1808: *Über die Sprache und Weisheit der Indier. Ein Beitrag zur Begründung der Alterthumskunde*. Heidelberg: Mohr und Zimmer (Nachdruck Amsterdam: Benjamins 1977).
Scurla, Herbert
1984: *Wilhelm v. Humboldt. Reformator - Wissenschaftler - Philosoph*. München: Heyne.
Seidel, Siegfried (Hrsg.).
1962: *Der Briefwechsel zwischen Friedrich Schiller und Wilhelm von Humboldt.* 2 Bde. Berlin: Aufbau-Verlag
Spranger, Eduard
1909: *Wilhelm von Humboldt und die Humanitätsidee*. Berlin: Reuther & Reichard.
Sweet, Paul R.
1978/80: *Wilhelm von Humboldt. A Biography*. 2 Bde. Columbus, Ohio: Ohio University Press.
Sydow, Anna von (Hrsg.)
1906-16: *Wilhelm und Caroline von Humboldt in ihren Briefen*. 7 Bde. Berlin: Mittler und Sohn.
Tenorth, Heinz-Helmar
2018: *Wilhelm von Humboldt. Bildungspolitik und Universitätsreform.* Paderborn: Schöningh.
Tessitore, Fulvio
1965: *I fondamenti della filosofia politica di Humboldt*. Napoli: Morano.
Thiering, Martin
2018: *Kognitive Semantik und Kognitive Anthropologie. Eine Einführung*. Berlin: de Gruyter.
Thouard, Denis
2016: *Et toute langue est étrangère. Le projet de Humboldt*. Paris: Les Belles Lettres.

Tintemann, Ute / Trabant, Jürgen (Hrsg.)
2012: *Wilhelm von Humboldt: Individualität und Universalität*. München: Fink.
Trabant, Jürgen
1986: *Apeliotes oder Der Sinn der Sprache. Wilhelm von Humboldts Sprach-Bild*. München: Fink.
1990: *Traditionen Humboldts*. Frankfurt am Main: Suhrkamp.
2012: *Weltansichten. Humboldts Sprachprojekt*. München: Beck.
Trabant, Jürgen (Hrsg.)
2018: *Wilhelm von Humboldt: Sprache, Dichtung und Geschichte*. Paderborn: Fink.
Underhill, James W.
2009: *Humboldt, Worldview and Language*. Edinburgh: Edinburgh University Press.
Watson, Peter
2010: *The German Genius. Europe's Third Renaissance, the Second Scientific Revolution, and the Twentieth Century*. London: Simon & Schuster.
Wiedemann. Conrad
2012: „raffinirte kunst des umgangs". Ich-Findung in den frühen Reisetagbüchern Wilhelm von Humboldts. In: Tintemann/Trabant (Hrsg.): 33-54.
2018: Wilhelm von Humboldt und der „Agamemnon" des Aischylos. In: Trabant (Hrsg.) 2018: 41-55.
Whorf, Benjamin Lee
1956: *Language, Thought, and Reality*. Cambridge, Mass.: MIT Press.
Wolf, Friedrich August
(1807): *Darstellung der Altertumswissenschaft nach Begriff, Umfang, Zweck und Wert* (Nachdruck mit einem Nachwort von Johannes Irmscher). Weinheim: VCH 1986.

Empfehlung zum Einstieg in die Humboldt-Lektüre:

Wilhelm von Humboldt: *Das große Lesebuch* (Hrsg. Jürgen Trabant). Frankfurt am Main: Fischer Taschenbuch 2010.

Wilhelm von Humboldt: *Schriften zur Sprache* (Hrsg. Michael Böhler). Stuttgart: Reclam 1973.

Spies, Paul / Tintemann, Ute / Mende, Jan (Hrsg.): *Wilhelm und Alexander von Humboldt. Berliner Kosmos*. Köln: Wienand 2020.

Endnoten

1 Ich zitiere Humboldt durch die Angabe von Band und Seite der Gesammelten Schriften (Humboldt 1903-36). In den Zitaten wird Humboldts Orthographie beibehalten.
2 Vgl. Sydow Hrsg. 1906-16.
3 Osterkamp 2018: 63.
4 Vgl. die von Frank Zimmer erstellte Bibliographie der zu Lebzeiten Humboldts veröffentlichten Schriften im Anhang.
5 Siehe unten 4.1.2.
6 Siehe Osterkamp 2018: 66.
7 Vorerinnerung. Ueber Schiller und den Gang seiner Geistesentwicklung. In: Briefwechsel zwischen Schiller und Wilhelm v. Humboldt. Stuttgart und Tübingen: J. G. Cotta 1830: 3–84. Und: Rezension von Goethes Zweitem römischem Aufenthalt. In: Jahrbücher für wissenschaftliche Kritik 2, September 1830, Nr. 45–47: Sp. 353–374.
8 So Markschies 2018: 18.
9 Darüber hinaus verarbeitet Humboldts im Agamemnon auch noch seine eigene komplizierte Liebesproblematik, vgl. Wiedemann 2018.
10 Vgl. Wiedemann 2012.
11 Siehe VII: 653ff.
12 Siehe unten 4.2.2.
13 Sein Bruder Alexander reist, nach einem mehrmonatigen Aufenthalt in Paris, über Südfrankreich (er will eigentlich nach Nordafrika) im Juni 1799 von Spanien in die Neue Welt.
14 Die Ausnahme ist der Herausgeber der Gesammelten Schriften, Albert Leitzmann, der mitten im Krieg, 1916, Humboldts Briefe an die französische Freundin herausgibt.
15 In: Magasin encyclopédique ou journal des sciences, des lettres et des arts 5, 5, 1799: 44–65 und 214–238.
16 Vgl. Müller-Vollmer 1967: 107f.
17 So Humboldt gegenüber Schiller am 26. April 1799, vgl. Seidel 1962, 2: 181.
18 Zur Ethnographie des Baskenlandes vgl. Mattig 2019: Kap. 8.
19 Siehe Humboldt 1960-81, 5: 431.
20 In den Schriften zur Sprachwissenschaft (Humboldt 1994-2017) rekonstruiert Bernhard Hurch das gesamte Basken-Werk aus Gedrucktem und Ungedrucktem, zwei von drei Bänden sind 2010 und 2012 erschienen.
21 Zitiert in Humboldt 1960-81, 5: 390.
22 Vgl. Berlinische Monatsschrift 20, 1792: 606.
23 Der - heute in so vieler Hinsicht kontaminierte - Begriff der „Nation“ ist bei Humboldt aufs engste mit Sprache verbunden. Er basiert auf dem dialogischen Miteinander von Ich und Du, das Di Cesare 2012 sogar als Kern einer „kommenden Gemeinschaft“, als „Humboldt in der Zukunft“ rekonstruiert.

24 Zu Humboldts Schulreform, vgl. Tenorth 2018: 157-171.

25 Vgl. X: 250-260. Den Band X der Gesammelten Schriften hat Bruno Gebhardt 1903 besorgt.

26 Aktuell: Tenorth 2018.

27 Vgl. dazu aber Genaueres bei Rosenstrauch 2009: 225-245.

28 Vgl. Lindorfer/Trabant Hrsg. 2017.

29 Vgl. Bopp 1824.

30 Vgl. Messling 2008.

31 Mit der Gegenüberstellung von Anheben und Entspringen verdeutlicht Kant in der KrV den Unterschied zwischen den beiden Ursprüngen.

32 Für die genauen bibliographischen Angaben vgl. die Bibliographie der Humboldtschen Schriften im Anhang.

33 Vgl. Cacciatore 2018.

34 Vgl. Mueller-Vollmer (Hrsg.) 1985.

35 Vgl. Lindorfers Einleitung zu diesem Text in Lindorfer/Trabant Hrsg. 2017: 87ff.

36 Diese große Abhandlung ist nicht identisch mit der Einleitung zum Kawi-Werk „Über die Verschiedenheit" (Singular).

37 Vgl. Kant KrV: A 137ff.

38 Vgl. Di Cesare 2012.

39 Die Auffassung von der (zumeist schädlichen) Determinierung des Denkens durch die Sprache ist allerdings viel älter, sie stammt als Kritik an den idola fori, den Vorurteilen in der Sprache, von Bacon 1620.

40 Vgl auch Thiering 2018.

41 Das ist problematisch, weil Humboldt eine Klassifikation von Sprachen ablehnt, aber das soll uns hier nicht beschäftigen.

42 Das versucht Underhill 2009.

43 Kehlmann 2005.

Bibliographie der zu Lebzeiten gedruckten Schriften Wilhelm von Humboldts

(zusammengestellt von Frank Zimmer)

1787

Sokrates und Platon über die Gottheit, über die Vorsehung und Unsterblichkeit. In: *Zöllners Lesebuch für alle Stände zur Beförderung edler Grundsätze, echten Geschmacks und nützlicher Kenntnisse* 8, 1787, S. 186–256; 9, 1790, S. 1–21.

1789

Rez.: Freymüthige Betrachtungen eines Weltbürgers, zum Wohl von Aachen, bey Gelegenheit der bevorstehenden Constitutionsverbesserung dieser Reichsstadt. 1788. 38 Seiten in gr. 8. In: *Gothaische gelehrte Zeitungen* 5. Stück, 17. Januar, S. 36–37 (= „Zur Aachener Verfassungsrevision“)

1792

Ideen über Staatsverfassung, durch die neue Französische Konstituzion veranlaßt. Aus einem Briefe an einen Freund, vom August 1791. In: *Berlinische Monatsschrift* 19, Januar, S. 84–98.

Ueber die Sorgfalt des Staats für die Sicherheit gegen auswärtige Feinde. In: *Berlinische Monatsschrift* 20, Oktober, S. 346–354.

Ueber die Sittenverbesserung durch Anstalten des Staats. In: *Berlinische Monatsschrift* 20, November, S. 419–444.

Ueber öffentliche Staatserziehung. In: *Berlinische Monatsschrift* 20, Dezember, S. 597–606.

Wie weit darf sich die Sorgfalt des Staats um das Wohl seiner Bürger erstrecken? In: *Neue Thalia*, Band 2, Heft 5, S. 131–169.

Pindars zweite olympische Ode, metrisch übersetzt von Wilhelm von Humboldt, Berlin: J. F. Unger.

1793

Die Eumeniden. Ein Chor aus dem Griechischen des Aeschylos. In: *Berlinische Monatsschrift* 22, S. 149–156.

1794

Rez.: Philosophie. Königsberg, b. Nicolovius: Woldemar (vom Hn. Geh. Rath Jacobi in Düsseldorf) 1794. In: *Allgemeine Literaturzeitung vom Jahre 1794*, Band 3, Sp. 801–807 (Nr. 315, 26. September 1794), Sp. 809–816 (Nr. 316, 27. September 1794), Sp. 817–821 (Nr. 317, 27. September 1794). (= „Rezension von Jacobis Woldemar“)

1795

Ueber den Geschlechtsunterschied und dessen Einfluß auf die organische Natur. In: *Die Horen*, 2. Stück, S. 99–132.

Ueber die männliche und weibliche Form. In: *Die Horen*, 3. Stück, S. 80–103; 4. Stück, S. 14–40.

Rez.: Halle, in der Waisenhausbuchh.: Homeri Odyssea et Batrachomyomachia. In usum scholarum et praelectionum. Editio altera, priore emendatior. 1794. In: *Allgemeine Literaturzeitung vom Jahre 1795*, Band 2, Sp. 569–573 (Nr. 167, 16. Junius 1795). („Rezension von Wolfs Ausgabe der Odyssee“)

Pindars vierte Pythische Ode. In: *Neue Deutsche Monatsschrift*, Band 3, November, S. 173–208; Dezember, S. 367 („Berichtigung“).

1796

Danae und Perseus, von Acrisius den Wellen preißgegeben, aus dem Griechischen des Simonides. In: *Flora. Teutschlands Töchtern geweiht von Freunden und Freundinnen des schönen Geschlechts*, Erstes Bändchen, S. 183.

1797
Pindars neunte Pythische Ode. An Telesikrates, aus Kyrene, der im bewafneten Laufe gesiegt hatte. In: *Die Horen*, 2. Stück, S. 61–74.

1799
Wilhelm von Humboldt's Ästhetische Versuche. Erster Theil. Über Göthe's Herrmann und Dorothea, Braunschweig: Vieweg.

Rez.: Æsthétique. Wilhelm von Humboldt's Aesthetische Versuche. Erster Band ueber Goethe's Hermann und Dorothea. Braunschweig, bei Friedrich Vieweg dem aelteren, 1799. – Essais æthéstiques de M. Guillaume de Humboldt; première partie, sur l'Hermann et Dorothée de M. Goethe. A Brunswick, chez Frédéric Vieweg l'aîné, 1799; in-8.°. In: *Magasin encyclopédique ou journal des sciences, des lettres et des arts* 5, 5, S. 44–65 und S. 214–238. (= „Selbstanzeige der Schrift über Hermann und Dorothea")

Vorrede. In: Friedrich Alexander von Humboldt: *Ueber die unterirdischen Gasarten und die Mittel ihren Nachtheil zu vermindern. Ein Beytrag zur Physik der praktischen Bergbaukunde*, Braunschweig: Vieweg, S. III–VI.

1800
Ueber die gegenwärtige französische tragische Bühne. Aus Briefen. In: *Propyläen. Eine periodische Schrift*, Dritten Bandes Erstes Stück, S. 66–109.

Neue Art die Mahlerey zu lehren. In: *Propyläen. Eine periodische Schrift*, Dritten Bandes Erstes Stück, S. 110–116.

Der hülflose Blinde. Gemählde von Gerard. In: *Propyläen. Eine periodische Schrift*, Dritten Bandes Erstes Stück, S. 123–124.

1803
Der Montserrat, bey Barcelona. In: *Allgemeine geographische Ephemeriden*, Eilfter Band, Drittes Stück, März, S. 265–313.

1812

Ankündigung einer Schrift über die Vaskische Sprache und Nation, nebst Angabe des Gesichtspunktes und Inhalts derselben. In: *Deutsches Museum* 2, S. 485–502.

Proben Vaskischer Schreibart und Dichtung. In: *Königsberger Archiv für Philosophie, Theologie, Sprachkunde und Geschichte* 1, 3. Stück (Beilage), S. 277–291.

1816

Aeschylos Agamemnon metrisch übersetzt, Leipzig: Gerhard Fleischer der Jüngere.

1817

Berichtigungen und Zusätze zum ersten Abschnitte des zweyten Bandes des Mithridates über die Cantabrische oder Baskische Sprache. In: Johann Christoph Adelung / Johann Severin Vater, *Mithridates oder allgemeine Sprachkunde mit dem Vater Unser als Sprachprobe in bey nahe fünf hundert Sprachen und Mundarten*, Vierter Theil, Berlin: Vossische Buchhandlung, S. 275–360; zugleich Separatdruck 1817.

1821

Prüfung der Untersuchungen über die Urbewohner Hispaniens vermittelst der Vaskischen Sprache, Berlin: F. Dümmler.

1822

Ueber das vergleichende Sprachstudium in Beziehung auf die verschiedenen Epochen der Sprachentwicklung. In: *Abhandlungen der historisch-philologischen Klasse der Königlich Preußischen Akademie der Wissenschaften aus den Jahren 1820–1821*, S. 239–260; zugleich Separatdruck 1821.

Ueber die Aufgabe des Geschichtschreibers. In: *Abhandlungen der historisch-philologischen Klasse der Königlich Preußischen Akademie der Wissenschaften aus den Jahren 1820–1821*, S. 305–322; zugleich Separatdruck 1822.

1823
Ueber die in der Sanskrit-Sprache durch die Suffixa *twâ* und *ya* gebildeten Verbalformen. In: *Indische Bibliothek* 1, S. 433–467.

1824
Ueber die in der Sanskrit-Sprache durch die Suffixa *twâ* und *ya* gebildeten Verbalformen. Fortsetzung. In: *Indische Bibliothek* 2, Erstes Heft, S. 71–134.

1825
Über das Entstehen der grammatischen Formen, und ihren Einfluß auf die Ideenentwicklung. In: *Abhandlungen der historisch-philologischen Klasse der Königlich Preußischen Akademie der Wissenschaften aus den Jahren 1822–1823*, S. 401–430; zugleich Separatdruck 1824.

1826
Ueber die Buchstabenschrift und ihren Zusammenhang mit dem Sprachbau. In: *Abhandlungen der historisch-philologischen Klasse der Königlich Preußischen Akademie der Wissenschaften aus dem Jahre 1824*, S. 161–188; zugleich Separatdruck 1826.

Ueber die Bhagavad-Gita. Mit Bezug auf die Beurtheilung der Schlegelschen Ausgabe im Pariser Asiatischen Journal. In: *Indische Bibliothek* 2, Heft 2, S. 218–258; Heft 3, S. 328–372.

Notice sur la Grammaire Japonaise du P. Oyanguren. In: C. Landresse, *Supplément à la grammaire japonaise du P. Rodriguez, ou remarques additionelles sur quelques points du système grammatical des Japonais*, tirées de la grammaire composée en espagnol par le P. Oyanguren et traduites par M. C. Landresse, membre de la Société Asiatique; précédées d'une notice comparative des grammaires japonaises des PP. Rodriguez et Oyanguren par M. le Baron Guillaume de Humboldt, Paris: Librairie Orientale de Dondey-Dupré père et fils, S. 1–12.

Sur le génie grammatical de la langue chinoise, comparé à celui des autres langues. In: *Journal Asiatique* 9, August, S. 115–123 (Erstdruck der Absätze 1–7, 20–23, 27–28 der *Lettre à Monsieur Abel-Rémusat*).

Mémoire sur la séparation des mots dans les textes samscrits. In: *Journal Asiatique* 11, September, S. 163–172.

1827
Lettre à Monsieur Abel-Rémusat, sur la nature des formes grammaticales en général, et sur le génie de la langue Chinoise en particulier, Paris: Librairie Orientale de Dondey-Dupré père et fils.

1828
Über die unter dem Namen Bhagavad-Gítá bekannte Episode des Mahá-Bhárata. In: *Abhandlungen der historisch-philologischen Klasse der Königlich Preußischen Akademie der Wissenschaften aus dem Jahre 1825*, S. 1–64; zugleich Separatdruck 1826.

Über vier Aegyptische, löwenköpfige Bildsäulen in den hiesigen Königlichen Antikensammlungen. In: *Abhandlungen der historisch-philologischen Klasse der Königlich Preußischen Akademie der Wissenschaften aus dem Jahre 1825*, S. 145–168; zugleich Separatdruck 1827.

1829
Rez.: Ghatakarparam, oder das zerbrochene Gefäß, ein Sanskritisches Gedicht, herausgegeben, übersezt, nachgeahmt und erläutert von G. M. Dursch, Dr. der Philos. und Mitglied der Asiat. Gesellschaft zu Paris. Berlin, bei Fr. Dümmler. 1828. Zweiter Artikel. In: *Jahrbücher für wissenschaftliche Kritik* 1, April, Nr. 73–76, Sp. 579–595. (= „Anhang zu Rückerts Rezension von Durschs Ghatakarparam“)

1830

An Essay on the best Means of ascertaining the Affinities of the Oriental Languages. In: *Transactions of the Royal Asiatic Society of Great Britain and Ireland* 2, S. 213–221; zugleich Separatdruck 1828.

Rez.: Goethe's Werke. Neun und zwanzigster Band. Stuttgart und Tübingen, in der J. G. Cotta'schen Buchhandlung. 1829. 344 S. in 12. In: *Jahrbücher für wissenschaftliche Kritik* 2, September, Nr. 45–47, Sp. 353–374. (= „Rezension von Goethes Zweitem römischem Aufenthalt")

Ueber den Dualis. In: *Abhandlungen der historisch-philologischen Klasse der Königlich Preußischen Akademie der Wissenschaften aus dem Jahre 1827*, S. 161–187; zugleich Separatdruck 1828.

Vorerinnerung. Ueber Schiller und den Gang seiner Geistesentwicklung. In: *Briefwechsel zwischen Schiller und Wilhelm v. Humboldt*, Stuttgart und Tübingen, J. G. Cotta, S. 3–84.

1832

Über die Verwandtschaft der Ortsadverbien mit dem Pronomen in einigen Sprachen. In: *Abhandlungen der historisch-philologischen Klasse der Königlich Preußischen Akademie der Wissenschaften aus dem Jahre 1829*, S. 1–26; zugleich Separatdruck 1830.

Extraits d'une lettre de M. le baron G. de Humboldt à M. E. Jacquet sur les alphabets de la Polynésie asiatique. In: *Nouveau Journal Asiatique* 9, Juni, S. 484–508; zugleich Separatdruck 1832.

Bildnachweise

Abb. 1: Wilhelm von Humboldt, Tondo von Gottlieb Martin Klauer, 1796

Abb. 2: Alexander von Humboldt, Paris 1805, Stadtmuseum Berlin, August Desnoyers nach François Gérard

Abb. 3: Caroline von Humboldt (1766–1829), Wikicommons: https://commons.wikimedia.org/wiki/ File:Humboldt,_Caroline_von_(1766-1829).jpg

Abb. 4: Johann Wolfgang von Goethe im 80. Lebensjahr, Karl Joseph Stieler 1828, Wikicommons: https://de.wikipedia.org/wiki/, Datei:Goethe_(Stieler_1828).jpg

Abb. 5: Portrait Friedrich Schiller, Anton Graff (Beginn Frühjahr 1786, Vollendung Herbst 1791), Wikicommons: https://commons.wikimedia.org/wiki/
File:Anton_Graff_-_Friedrich_Schiller.jpg

Abb. 6: Aeschylos Agamenon metrisch übersetzt von Wilhelm von Humboldt. Leipzig: Fleischer, 1816.

Abb. 7: Anne Louise Germaine Necker Baronne de Staël Holstein. Nicolas Laugier nach François Gérard
https://gallica.bnf.fr/ark:/12148/btv1b6948268q

Abb. 8: Die spanische Treppe, Rom. Wikicommons: https://commons.wikimedia.org/wiki/
File:The_Spanish_Steps_(46445041781).jpg

Abb. 9: Humboldt-Universität, Berlin. Wikicommons: ttps://upload.wikimedia.org/wikipedia/
commons/9/90/Frontansicht_des_Hauptgebäudes_der_Humboldt-Universität_in_Berlin.jpg

Abb. 10: Schloss Tegel in Berlin. Familienbesitz der Humboldts. 1820–1824 im Auftrag von Wilhelm von Humboldt umgebaut und erweitert durch Karl Friedrich Schinkel. Wikicommons: https://commons.wikimedia.org/wiki/File:Schloss_Tegel1.JPG

Abb. 11: Jean-Pierre Dalbéra: Altes Museum (Berlin). Wikicommons: https://commons.wikimedia.org/wiki/File:Altes_Museum_(Berlin)_(6339770591).jpg

Abb. 12: Das Hauptwerk. https://gallica.bnf.fr/ark:/12148/bpt6k855982h/f7.image.r=wilhelm%20von%20humboldt

Abb. 13: Ueber den Dualis. Biblioteka Jagiellonska, Krakau, MS Berol.coll.ling.fol. 49, Bl. 72. https://jbc.bj.uj.edu.pl/dlibra/publication/205013/content

Abb. 14: Wilhelm von Humboldt. Lithographie von Franz Krüger. Wikicommons: https://commons.wikimedia.org/wiki/File:W.v.Humboldt.jpg

Über den Autor

Jürgen Trabant war Professor für Romanistik an der FU Berlin und für Europäische Mehrsprachigkeit an der JU Bremen. Seine Hauptarbeitsgebiete sind Semiotik, Sprachpolitik, Geschichte der Sprachwissenschaft und Sprachphilosophie, insbesondere Giambattista Vico und Wilhelm von Humboldt.

HUMANISTISCHE PORTRÄTS

Birgit Dahlke

Christa Wolf
(1929–2011)
Antifaschistin – Humanistin – Sozialistin

98 Seiten | Broschur
Format 13,5 x 21 cm | ISBN 978-3-8260-6822-5
Humanistische Porträts Band 1

Volker Riedel

Heinrich Mann
(1871–1950)
Zwischen „Macht der Güte" und „Diktatur der Vernunft"

82 Seiten | Broschur
Format 13,5 x 21 cm | ISBN 978-3-8260-6885-0
Humanistische Porträts Band 2

Uwe Plath

Sebastian Castellio
(1515–1563)
Vorkämpfer für Toleranz im konfessionellen Zeitalter

92 Seiten | Broschur
Format 13,5 x 21 cm | ISBN 978-3-8260-6982-6
Humanistische Porträts Band 3

Adriane Feustel

Alice Salomon
(1872–1948)
Sozialreformerin und Frauenrechtlerin

80 Seiten | Broschur
Format 13,5 x 21 cm | ISBN 978-3-8260-6886-7
Humanistische Porträts Band 4

K&N **Verlag Königshausen & Neumann GmbH** | Postfach 6007 | D-97010 Würzburg
Tel. (09 31) 32 98 70-0 · Fax (09 31) 32 98 70-29 | www.koenigshausen-neumann.de